리더의 질문력

초판 1쇄 발행 2025년 07월 01일
저자 | 정경호
발행처 | 와우라이프
발행인 | 임창섭
주소 | 경기도 파주시 송화로 13(아동동)
전화 | 010-3013-4997
팩스 | 031-941-0876
등록번호 | 제 406-2009-000095호
등록일자 | 2009년 12월 8일

ⓒ정경호, 2025

ISBN 979-11-87847-20-5 (03810)

• 이 책은 저작권법에 의해 보호를 받는 저작물로 무단 전재나 복제를 금지하며,
• 이 책 내용의 전부 또는 일부를 이용하려면 반드시 저작권자나 발행인의 서면동의를 받아야 합니다.
• 파본 및 낙장은 구입하신 서점에서 교환하여 드립니다.

리더십의 진정한 힘, 질문으로 시작하라

리더의 질문력

정경호 지음

와우라이프

들어가며

"리더십의 본질은 질문에서 시작된다"

리더는 모든 것을 아는 사람이 아니다. 오늘날 요구되는 진정한 '리더'는 가장 좋은 질문을 던질 수 있는 사람, 그리고 그 질문을 통해 구성원이 스스로 답을 찾도록 조력하는 사람이라고 할 수 있다.

"질문이 멈춘 조직은 생각이 멈춘 조직이다"

리더에게 필요한 것은 '답을 말하는 힘'이 아니라 '묻는 용기'라는 걸 확신한다. 이 책은 그 용기를 길러주는 안내서라고 할 수 있다. 많은 조직이 창의성과 혁신을 외친다. 그런데 회의나 대화에서 팀장은 묻지 않고, 구성원은 눈치를 본다. '틀린 질문'이 아니라 '불편한 질문'이 사라진 것이다. 그 결과, 아무도 책임지지 않는 무사안일과 실수의 회피가 조직 전반에 만연하게 되었다.

노키아는 애플보다 앞서 스마트폰을 개발했다. 그런데 왜 실패했을까? 기술이 없어서가 아니다. 서로 묻지 않았기 때문이다. 질문하지 않는 리더는 기술이 있어도 기회를 놓치고, 질문하는 리더는 부족한 자원 속에서도 기회를 만드는 것이다.

"AI 시대, 질문은 인간만의 능력이다"

이제 AI가 많은 일들을 대신해 주고 있다. 데이터를 분석하고, 보고서를 요약하고, 미래를 예측한다. 하지만 AI는 질문을 던지지는 못한다. 질문은 인간의 사고력, 통찰력, 감정과 상황 인식이 결합한 고차원적 행위다. 그래서 이 시대의 리더는 '답을 아는 사람'이 아니라 '질문할 줄 아는 사람'이어야 한다.

취임 10년 만에 마이크로소프트를 세계에서 가장 가치 있는 기업이자 인공지능 분야의 선두 주자로 만들었던 사티아 나델라 CEO, 제품 및 서비스를 출시하기 전에 이를 신속하게 평가하고 테스트하기 위해 고안된 구글 벤처스의 디자인 스프린트, 팀원들을 대화에 참여시키고 파트너들과 인간적인 방식으로 소통하는 IBM의 협업 문화까지 그 중심엔 모두 질문이 있었다.

"질문은 관계를 만들고, 성과를 이끈다"

질문은 단지 커뮤니케이션 기술이 아니다. 관계의 시작이자 성과의 촉매라고 할 수 있다. 구성원에게 "왜 이걸 못해냈느냐"고 묻는 대신 "이 일을 통해 무엇을 배웠는가?"라고 물어보는 리더, "왜 그런 아이디어를 냈느냐"고 비난하는 대신 "그 아이디어를 좀 더 구체화하려면 어떤 도움이 필요할까?"라고 묻는 리더, 이런 리더가 있는 조직은 사람들의 생각이 자유롭게 흐르고, 새로운 시도가 끊이지 않는다.

질문은 심리적 안전감을 만들어낸다. AI보다 강한 힘, 바로 '연결과 창의'가 작동하는 순간인 것이다.

"리더여, 질문하라! 당신의 조직과 팀이 바뀔 것이다"

『리더의 질문력』은 전형적인 리더십의 틀인 '지시와 통제'를 벗어나, '질문과 소통' 중심의 리더십으로 전환할 것을 강력히 제안하는 책이다. 단순히 '질문하자'라는 당위를 이야기하지 않고 질문이 어떻게 조직문화와 학습 구조, 혁신의 흐름을 촉진하는지를 보여준다. 또, 질문이 기업과 조직의 성과와 문화를 어떻게 바꾸는지 검증된 결과와 실제 사례를 구체적으로 제시한다.

이 책은 다음과 같은 고민을 하는 분들에게 특히 추천한다.

- ▶ 팀원들이 자율적으로 움직이길 바라지만 어떻게 해야 할지 막막한 팀장님
- ▶ 조직의 혁신이 필요하지만, 무엇부터 바꿔야 할지 모르는 중간관리자
- ▶ AI와 디지털 전환 시대에 걸맞은 새로운 리더십이 필요한 최고경영자
- ▶ 질문이 조직을 어떻게 바꾸는지 구체적인 사례와 데이터를 알고 싶은 리더

『리더의 질문력』은 리더의 질문이 어떻게 사람을 움직이고, 성과를 만들어내는지 그 실천적인 전략을 담고 있다. 조직의 분위기를 바꾸고, 구성원의 몰입을 이끌며, 나아가 스스로 성장하는 팀을 만들고 싶다면, 이 책은 분명 유용한 나침반이 될 것이다.

마지막으로…

이 책의 서문을 읽고 있는 당신은 이미 좋은 리더다. 다만 질문이라는 무기를 장착하지 않았을 뿐이다. 이 책을 통해 질문하는 리더로 진화를 시작해 보시길 바란다. 당신의 질문이, 조직의 미래를 바꿀 것이며 이 책이 그 여정의 좋은 동반자가 되어줄 것이다.

정경호 박사 드림

차례

들어가며　　　　　　　　6

1부　커뮤니케이션은 조직의 심장

01　성공적인 조직 커뮤니케이션의 핵심 3원칙　　　14

02　신뢰받는 리더의 커뮤니케이션 전략　　　22

03　설득과 영향력을 높이는 리더의 대화 기술　　　28

2부　AI 시대의 새로운 리더십

04　리더십의 진화: 지시에서 질문으로, 명령에서 영감으로　　　46

05　AI 시대가 요구하는 리더의 새로운 역할　　　64

06　통찰력 있는 리더의 문제 발견 능력　　　81

07　창의적 사고와 혁신의 시작, 질문의 힘　　　95

3부 질문리더십의 본질적 가치

08	질문하는 리더가 조직을 성장시킨다	116
09	질문의 심리학: 사람을 움직이는 힘	135
10	AI 시대를 선도하는 질문리더십의 핵심	148

4부 질문리더십의 실천 전략과 성과 창출

11	질문리더십을 통한 기업들의 성공 사례	176
12	상황별 최적의 질문 기법과 유형: 열린 질문과 닫힌 질문	189
13	변혁적 리더의 맞춤형 질문	208
14	리더십의 완결은 소통이다	217

1부
커뮤니케이션은 조직의 심장

기업에서 '일의 본질' 그리고 '리더십의 본질'은 결국 조직의 '커뮤니케이션'이다.

성공적인 조직 커뮤니케이션의
핵심 3원칙

㈜퀄컴의 최고경영자였던 폴 제이컵스(Paul E. Jacobs)는 노키아가 다른 회사에 비해 새로운 기술의 전략 수립에 많은 시간을 소요하고, 그 기술을 평가하는 데 최소 6~9개월이 걸려 매우 놀라웠다고 이야기했다. 그리고 평가를 마칠 때쯤이면 당연하게도 기회는 지나가 버렸다고 덧붙였다.

세계적 휴대전화 기업이었던 핀란드의 노키아는 이미 지난 2000년 애플의 아이폰과 비슷한 스마트폰을 만들었다. 노키아의 수석 디자이너이었던 프랭크 누오보(Frank Nuovo)는 "아이폰이 나오기 7년 전에 디자인팀이 회사 측에 터치스크린 등 지금의 스마트폰과 매우 흡사한 제품을 제시했다."라고 밝혔다. 노키아는 또 1990년대 말에 무선통신이 가능하고 사용자 환경을 갖춘 태블릿PC도 개발했다. 세계 최초의 스마트폰 출시는 물론 태블릿PC 시대를 열어 애플과 삼성을 넘어설 기회가 여러 차례 충분히 있었던 것이다. 하지만 내부의 치명적인 불통(?)과 리더의 교만으로 인해 상품화에 실패하면서 위기를 맞았다.

전문가들은 노키아가 연구개발(R&D)에 막대한 비용과 노력을 들이고도 혁신 기술을 제품화하는 데 실패한 것은 내부 의사소통의 부재가 결정적인 원인이라고 지적했다. 노키아의 협력 업체들 또한 노키아가 경영진과 내부 구성원들의 안일한 소통의 태도들 때문에 혁신적인 제품을 만들 수 있는 성장의 발목을 잡았다고 강조하였다.

애플보다 4배나 많은 연구개발비를 쏟아부으며 탁월한 성과를 만들어 냈음에도 노키아가 몰락의 길로 들어선 것은 조직 내부의 커뮤니케이션 부재와 경영진의 느리고 안일한 의사 결정이 가져온 나비효과인 셈이다. 조직 커뮤니케이션은 이제 기업의 생존과 직결되는 중대한 선결 과제인 것이다.

조직 커뮤니케이션은 굉장히 복잡하고 때로는 치열하며 냉정하기까지 하다. 효과적인 커뮤니케이션을 위해서는 다음의 3가지 대원칙을 명확히 이해하고 지키는 것이 필요하다.

제1원칙: 신뢰를 유지하라

제대로 된 의사소통은 믿을 수 있는 상황과 분위기 속에서 시작된다. 그리고 이 믿을 수 있는 분위기는 사소하고 유치하다고 생각되는 모든 말과 행동에 관련되어 있다.

문제가 되는 사항에 대해서 업무 파트너에게 자신의 의사를 정확히 이해시키는 것은 파트너와 신뢰를 쌓고 관계 유지를 지속하게 한다. 신뢰는 결코 큰 부분에서 이루어지는 것이 아니다. 아주 작고 사소한 부분을 토대로 쌓여가는 것이다.

맥아더 장군이 육군사관학교 교장이었을 때 일화가 있다. 어느 날 상원 국방 위원들이 시찰을 왔다. 맥아더 장군은 보고를 마친 후 국방 위원들을 자기 방으로 안내했다. 그 방에는 가구도 없고 쇠침대만 덜렁 놓여 있었다.

맥아더는 "이곳이 제가 생활하는 방입니다. 이곳에서 6일을 지내고 주일에만 집에 갑니다."라고 말하며 자기가 고생하고 있음을 은근히 강조했다. 시찰이 끝나자, 만찬을 베풀었고 금 접시에 요리들이 담겨 나왔다. 그들이 돌아간 뒤 맥아더는 금 접시 하나가 없어진 것을 알게 되었고 범인을 꼭 잡겠다고 마음을 다졌다. 국방 위원들을 의심하던 맥아더는 그들에게 편지를 보내 금 접시의 행방을 물었다.

며칠 후 그는 한 통의 편지를 받았다. "만일 장군께서 그날 밤 야전용 침대에서 주무셨더라면 벌써 금 접시를 찾으셨을 것입니다. 제가 침대 모포 밑에 접시를 넣어두었거든요."

신뢰를 깨는 대부분의 원인 제공자는 다른 사람이 아닌 바로 '나'이다. 막연한 의심과 욕심에 사로잡혀 너무도 쉽게 상대방에게 불신의 빌미를 제공하곤 한다. 『디테일의 힘』을 쓴 왕중추는 사소하고 작은 미묘한 차이가 성공과 실패를 좌우한다고 말했다. 사소한 것들에 대한 중요성을 가볍고 소홀히 하는 습성과 습관들이 결국 커뮤니케이션 관계에서 결정적인 걸림돌이 되기도 한다. 작은 것들과 소소한 것들에 집중하고 완벽히 지켜내려는 의식과 실행이 있어야 한다.

제2원칙: 명확하게 표현하라

조직 커뮤니케이션의 메시지는 명확한 용어와 문장으로 표현되어야 하며 전하는 사람이나 전달받는 사람 모두에게 동일한 뜻을 가져야 한다. 특히 복잡한 문제일수록 단순하고 명확한 문장과 주제들로 요약하여야 한다. 또 커뮤니케이션 경로가 길거나 여러 절차를 거쳐야 하는 메시지라면, 더욱더 단순화해야 한다.

말을 단순하고 조리 있게 한다는 것의 가장 근접된 개념은 바로 논리적인 말을 하는 것이다. 말을 논리적으로 하려면 먼저 자신의 메시지를 구조화하는 능력이 있어야 한다. 하지만, 이 방법은 실제로 매우 힘들다.

메시지의 구조화는, 먼저 자신이 말하고자 하는 문제나 주제에 관해 명확한 개념이 있어야 한다. 이 개념이 다른 개념과의 관계를 설명하는 진술문 형태로 늘어나고, 이러한 진술문들을 나열하고, 명확하게 표현하는 것이 메시지이다.

조직 커뮤니케이션은 세 살짜리 어린아이부터 여든 살 할아버지까지 모두 같은 메시지로 받아들일 수 있는 쉽고 간결한 표현이 가장 효과적이다. 표현의 명확성은 결코 어렵거나 복잡한 것이 아니다. 전달자의 메시지를 듣는 사람이 완벽하게 이해했을 때, 즉 보낸 메시지와 받은 메시지가 일치할 때 이루어지는 것이다.

제3원칙: 인내하고 반복하라

조직 커뮤니케이션은 계속적이고 반복적인 과정이다. 특히 업무 파트너에게 메시지를 제대로 전달하려면 인내를 가지고 정확히 전달될 때까지 반복해야 한다.

전 GM그룹의 회장이었던 잭 웰치(Jack Welch)는 조직 내 핵심 가치 등 중요한 메시지를 효과적으로 전달하기 위해서는 최소 10번 이상을 반복해야 그 뜻이 제대로 전달된다고 강조했다. 반복의 과정과 더불어 의사소통의 전달은 항상 일관되어야 한다는 것이다.

이 3가지 원칙, 즉 신뢰 유지, 표현의 명확성, 지속적인 반복은 비즈니스의 올바르고 탁월한 결과를 이루는 과정인 것이다.

스위스 최고의 피아니스트 지그문트 탈베르크(Sigismond Thalberg)는 세계적인 명성을 얻고도 연습을 절대 게을리하지 않았다. 어느 날 대 음악회가 개최되는데, 그에게도 출연해 달라는 요청이 들어

왔다.

"음악회 개최일이 언제인데요?"

"다음 달 1일입니다."

"그렇다면 저는 거절하겠습니다. 아무래도 그때까지는 연습할 수 없습니다."

"연습이요? 선생님께서도 연습하십니까?"

"이번에도 신곡을 연주하려고 생각하고 있기 때문이지요."

"그래도 3일 정도면 연습할 수 있지 않겠어요? 많은 음악가를 알고 있지만, 한 번 하는 연주에 4일 이상 연습하는 사람은 없는 것 같습니다. 하물며 선생님 같은 대가는 연습이 필요 없지 않겠어요?"

그러자 그는 정색하며 말했다.

"저는 신작 발표회를 가지려면 적어도 1,500회의 연습을 하지 않으면 출연하지 않는 것을 원칙으로 합니다. 하루에 50회씩 연습하면 1개월은 걸리겠지요. 그때까지 기다려 주신다면 출연하겠습니다. 연습할 시간이 없으면 절대 출연할 수 없습니다."

조직 내 커뮤니케이션도 끊임없는 인내와 반복으로 완성되는 것이라 할 수 있다. 때로는 바보 같은 우직함이라 하더라도 상대방과의 정확한 소통을 위해 자신이 정한 원칙에 충실할 필요가 있다. 그것이 어떤 이에게는 비효율적이고 비현실적이라 하더라도 정확한 소통을 위한 것이라면 반드시 좋은 결과로 돌아올 것이다.

> "사람들이 업무의 인간적인 면보다 기술적인 면에 주로 매달리는 가장 큰 이유는 기술적인 부분이 더욱 중요하기 때문이 아니라, 거기에 매달리는 것이 훨씬 더 쉽기 때문이다."
>
> _톰 디마르코

신뢰받는 리더의 커뮤니케이션 전략

조직에서 커뮤니케이션을 효과적으로 사용한 현장 사례를 소개할까 한다.

소규모 사업장인 A 기업은 일이 많다는 이유로 전 직원들이 한날한시에 전부 그만둔 적이 있었다. 다른 협력 업체 직원들이 도와주긴 했지만, 서류 하나를 찾는 데도 시간이 오래 걸리고 제대로 되는 것이 하나도 없었다. 그야말로 사업장은 3주간 엉망이 되었다.

A 업체 사장은 이 사태의 원인이 직원과의 소통 부족임을 깨달았다. 직원들이 얼마나 중요한 존재인가, 그리고 그동안 직원들의 인건비 부담의 문제에 대해 감정적으로 대응했던 자신을 반성하였다.

큰 위험을 겪고 난 이후, 직원은 회사와 함께하는 동반자로 생각하게 되었고, 기업을 효과적으로 운영하려면 직원과의 소통이 필요하다는 사실을 안식하게 되었다.

이성적인 조직 커뮤니케이션이 필요함을 느낀 A 업체 사장은 첫걸음으로 인터넷 카페를 개설하고 직원들을 가입시켰다. 카페에 회사의 공지 사항을 공유하고, 업무와 관련된 교육, 회의와 세미나 등에서 못다 한 내용도 카페를 이용하도록 했다. 그러다 보니 훨씬 더 가까워지는 느낌이 들었다. 이후 중간 관리자를 뽑아 인센티브 제도를 도입하여 카페 출석과 글 올린 횟수, 교육 내용에 대한 필기시험, 고객 상담과 전략 상품 판매 등의 다양한 분야를 채점하게 하였다. 그리고 격려 차원에서 매달 10명의 직원을 뽑아 차등 인센티브를 지급했다. 인센티브 제도가 정착된 후 카페에서 고객 관리를 위한 열린 토론도 하고 직원끼리의 교육하는 분위기가 만들어졌다. 자연스럽게 서로 선의의 경쟁을 하는 친화적인 기업 문화가 만들어진 것이다.

새로 온 직원도 업무 절차나 행정 절차 등을 검색하면 쉽게 배울 수 있게 했다. 또 SNS 메신저를 이용해 고객 30명과 친구 맺기에 성공해 실시간으로 상담해 준 자세를 갖춘 직원에게 특별 시상도 하였다.

회사 모바일 홈페이지를 오픈해 언제든 검색할 수 있게 했고, 페이스북과 트위터에서도 이벤트를 실시하고 있다. 이 같은 활동을 지원하기 위해 전 직원에게 스마트폰을 지급하는 파격적인 대우를 시행하기도 했다. 출퇴근 시간에 카페를 확인하고 고객들과 실시간으로 이야기하라는 의도에서이다. 그런데 A 사장은 사실 스마트폰 지급은 직원 대우 차원이 아니라 직원들 스스로 업무를 하기 위한 최적의 시스템을 열어두기 위함이었다고 이야기한다.

회사 내 구성원과의 커뮤니케이션은 단순한 배려와 선택이 아니라 철저한 회사 운영과 시스템 구축을 위해 반드시 실행해야 한다는 것이 A 회사 사장의 주장이다.

국내 대표 식품그룹의 K 회장은 젊은 인재들의 창의력과 감각을 기업 경영에 접목하고 역동적인 회사 분위기를 북돋기 위해 사원이 사회에 직접 참석하며 소통을 해나가는 것으로 유명하다. 사원이사회는 사원에서 과장까지 젊은 사원들로 구성되어 있고 매월 1회 정기 미팅에서 아이디어 창출, 사내 문제 발굴, 제도 개선 등 활동 경과를 점검한다. 임기 말에는 추진 결과를 최종보고 한다.

신입사원 채용 면접을 직접 챙기는 K 회장은 6주간의 공채 교육을 마친 26명의 신입 사원과 직접 'CEO와의 대화'를 주재하기도 한다. 연차가 낮은 직원들은 이런 소통 채널을 통해 최고 경영진 역시 자신들과 비슷한 어려움을 겪었다는 사실을 전해 들으며 동질감을 느끼고, CEO들은 젊은 직원들과 대면 소통을 하면서 신선한 감각과 업무 개선 아이디어를 얻을 수 있어 호응도가 높다는 평가를 받았다.

조직 내 구성원 간 커뮤니케이션의 중요한 핵심은 다음과 같다.

- 업무 성과가 기대 이상일 때에는 공개적으로 칭찬하고 포상하자.

- 특별하게 보안이 필요한 사안이 아니라면, 조직 내 정보는 구성원들과 함께 공유하고 예상치 못한 조직 내 문제에 대해서는 특별 인센티브를 활용해서라도 자유로운 토론을 부추겨 최선의 대안이 나오게끔 하자.

- 조직 구성원들과 회사 내 정보는 되도록 세세히 나눈다. 특히 회사의 구체적 비전과 미션, 목표에 대해 수시로 반복해서 확인하며 부족할

때는 수십 번을 반복해서라도 명확히 소통하도록 한다.

북극에는 '호저'라는 고슴도칫과의 동물이 살고 있다. 날씨가 춥다 보니 호저들은 따뜻함을 유지하려고 서로 껴안는다고 한다. 그런데 고슴도치들은 가시가 달렸지 않은가? 껴안다가 가시에 서로 찔리게 되어 바로 물러선다. 그러나 너무 물러서면 다시 추워지기 때문에 호저들은 체온을 유지하기 위해 다시 가까이 가게 된다. 이 과정에서 서로 가시로 찌르지 않으면서도 적절한 거리를 유지해 서로의 체온으로 따뜻함을 나누는 지혜를 발휘하게 된다.

조직 커뮤니케이션도 마찬가지라 생각한다. 언제나 적절한 거리가 필요하다. 너무 가깝거나 너무 떨어져도 안 되는 것이 조직 내 관계이자 커뮤니케이션이다. 기업의 비즈니스란 어떤 일을 일정한 목적과 계획을 세우고 짜임새 있게 지속적으로 경영하는 것을 말한다. 너무 감성적이어서도 그렇다고 너무 이성적이어서도 안 되고 언제나 균형감을 가지고 철저히 현실에 기반을 둔 냉철하고 명확한 커뮤니케이션이어야 한다. 21세기 현대 사회에 있어 조직 커뮤니케이션은 선택의 문제가 아니라 기업 생존의 절대적 과제라고 할 수 있다.

일본의 3대 '경영의 신'으로 추앙받는 마쓰시타 고노스케는 "기업 경영의 과거형은 관리이다. 그러나 경영의 현재형은 커뮤니케이션이며 경영의 미래형 역시 커뮤니케이션이다."라며 커뮤니케이션의 중요성을 강조했다.

03

설득과 영향력을 높이는
리더의 대화 기술

인상은 다양한 상황에서 특히 중요한 역할을 한다. 구직 면접에서는 지원자의 첫인상이 채용 결정에 상당한 영향을 미칠 수 있다. 면접관은 지원자의 외모, 태도, 자신감 등을 통해 그 사람의 적합성을 파악하려 한다.

■ 매력적인 대화를 위한 핵심 3요소 ■

- 매력적인 인상

인상은 사람이나 사물에 대한 인식 또는 느낌을 의미한다. 이는 개인의 태도, 신뢰도, 의견 형성에 큰 영향을 미치는 요소로 작용할 수 있다. 인상은 대개 시각적 요소(외모, 복장 등), 비언어적 신호(표정, 몸짓 등), 그리고 대화에서의 말투와 내용에 의해 형성된다.

인상은 사회적 상호작용에서 신뢰의 기반이 될 수 있다. 누군가에게 불쾌한 인상을 주면 부정적인 요소가 작용할 수 있고, 반대로 긍정적인 인상을 주면, 신뢰를 쌓는 데 도움이 된다. 이러한 이유로 사람들은 긍정적인 인상을 남기기 위해 노력한다.

인상의 세부적인 구성 요소는 3가지라고 할 수 있다.

① 시각적인 요소로 외모, 복장, 스타일 등은 많은 연구를 통해 검증된 사실로 매우 중요한 부분이다. 사람들은 다른 사람의 외모를 평가할 때 단 7초 이내에 판단한다고 한다.

② 비언어적 신호이다. 표정, 눈 맞춤, 몸짓 등은 언어적 표현과 함께 상대방에게 강렬한 인상을 남긴다.

③ 대화의 내용이다. 대화에서 나누는 주제와 말하는 방식 역시 인상에 영향을 미친다. 긍정적이고 희망적인 내용을 나누는 경우 상대방에게 좋은 인상을 줄 가능성이 높다.

인상을 관리하는 방법에는 우선 자신의 강점을 이해하고 표현하는 것이 중요하다. 자아 인식이 높을수록, 타인에게 진정한 모습을 보여줄 수 있으며, 의사소통의 기술은 긍정적인 인상을 주는 데 필수적이다. 상대방을 존중하는 태도와 적극적인 경청이 중요한 요소다. 비언어적 소통도 매우 중요함으로 이를 어떻게 효과적으로 사용할지 고민하고 꾸준히 연습해야 한다. 자신감 있는 태도와 긍정적인 표정은 큰 도움이 된다.

결론적으로, 인상은 매력적인 대화를 위해 매우 중요한 요소로 작용한다. 긍정적인 인상을 남기기 위해서 외모뿐만 아니라, 비언어적 신호와 대화 방식에도 신경 써야 하며 인상 관리는 일회성이 아닌 지속적으로 해야 한다. 끊임없이 자신을 돌아보고 개선해 나가는 태도가 필요하다.

모든 만남에서 인상은 대화 분위기를 좌우한다. 사람은 상대방을 만나면 보통 6초 안에 이미지를 결정하고 4분 안에 인상을 확정 짓는다고 한다. 그리고 인상이 부정적으로 인식되면 이를 개선하는 데 무려 40시간이 걸린다고 한다. 물론 가식적인 인상은 오히려 거부감을 주어 호감도를 떨어뜨리지만, 매력적인 인상은 대화에 신뢰와 활기를 불어넣는 기폭제가 되는 것이 사실이다. 아무래도 인상이 좋은 사람의 말은 호의적으로 받아들여지고, 귀 기울여 들어준다. 상대에게 좋은 인상을 주기 위해 표정과 매너를 잘 익혀두자.

• **온몸을 통한 대화**

커뮤니케이션의 중요한 이론 중 하나인 '메라비언의 법칙'에서는 대화에서 메시지 못지않게 중요한 요소가 바디랭귀지라고 강조하고 있다. 대화는 상대방과 마주 보고 이루어지는 것이다. 미소 띤 표정과 자세 그리고 신중한 태도는 상대방의 긴장과 경계를 이완시킨다. 대화할 때 시선을 자꾸 돌리거나 산만하면 상대방은 기분이 상하며 좋은 감정을 가질 수 없다. 시선이 마주쳐야 서로의 마음이 통하고 대화의 흐름이 자연스럽게 이어질 수 있다. 결국, 대화는 입이 아닌 온몸으로도 하는 것이다.

'메라비언 법칙'은 캘리포니아 대학교의 심리학자인 앨버트 메라비안(Albert Mehrabian)에 의해 제안되었다. 이 법칙은 인간의 의사소통에서 언어적, 청각적, 비언어적 요소가 서로 다른 비율로 정보를 어떻게 전달하는지를 설명하는 이론이다.

메라비언은 단어의 의미가 차지하는 비율은 7%에 불과하고, 청각적 요소(말투나 목소리의 높낮이 등)가 38%, 그리고 시각적 요소(바디랭귀지와 표정)가 55%를 차지한다고 주장했다. 이러한 비율은 특히 감정이나 태도를 전달할 때 더욱 두드러지며, 그 의미는 말보다 비언어적 신호가 커뮤니케이션에서 실제로 더 많은 영향을 미친다는 것이다.

바디랭귀지는 메라비언 법칙에서 비중이 가장 큰 요소로, 사람의 감정이나 태도를 상대방에게 강력하게 전달한다. 긍정적인 감정을 전할 때 미소나 편안한 자세, 적당한 눈 맞춤은 상대에게 신뢰를 주고, 반대로 위축된 몸짓이나 눈치를 보는 듯한 표정은 부정적인 인상을 남길 수 있다. 그렇기 때문에, 매력적인 대화를 위해서는 단어의 선택뿐만 아니라 비언어적 신호에도 많은 주의를 기울여야 한다.

직장이나 대인관계에 있어서 비언어적 신호의 중요성을 강조하는 메라비언의 법칙을 각인할 필요가 있다. 바디랭귀지에 좀 더 주의를 기울이고, 상황에 맞는 적절한 비언어적 표현을 통해 효과적인 커뮤니케이션이 이루어질 수 있음을 기억해야 한다.

• **서로의 권위를 인정하는 수평적 커뮤니케이션**

대화는 동등한 위치에서 서로를 존중하는 것을 바탕으로 하며, 창의적이고 발전적인 대화의 전제 조건도 마찬가지다. 따라서 '내가' 혹은 '자네', '당신'이라는 표현은 권력관계를 지칭하기 때문에 수평적 대화와 맞지 않다. 매력적인 대화는 일방적 권력이 아닌 서로의 권위를 인정하는 수평적 대화에서 이루어진다.

수평적인 커뮤니케이션은 창의적이고 발전적인 대화를 위한 필수 요소로, 현대 조직에서는 수직적 권위 구조에서 벗어나, 개방적이고 협력적인 소통 방식을 강조하고 있다. 이러한 커뮤니케이션은 구성원 간의 상호 존중과 신뢰를 기반으로 하며, 건강한 조직 문화를 조성하는 데 크게 기여한다.

수평적 커뮤니케이션의 중요성은 3가지로 볼 수 있다.

① 문제 해결과 협력의 증진이다. 수평적 커뮤니케이션은 부서 내 문제 해결과 협력을 돕는다. 동일한 지위를 가진 구성원 간의 자유롭고 열린 의사소통은 공동의 목표 달성과 혁신을 이루는 데 필수적이다. 활발한 의견 교환과 아이디어 공유를 통해 조직 내 문제를 효율적으로 해결할 수 있는 역량이 강화된다.

② 조직의 변화 관리다. 수평적 소통은 조직의 변화가 필요한 시점에, 각 구성원이 동등한 지위에서 정보를 공유하고 토론하며 변화의 필요성을 공감하고 서로 지원하게 만든다. 이러한 참여는 구성원들이 변화에 대한 거부감없이 협력적으로 대처할 수 있다.

③ 창의성의 촉진이다. 창의적이고 혁신적인 아이디어는 수평적 대화에서 더욱 많아지며, 다양한 관점과 의견이 오갈 수 있는 환경에서 꽃을 피운다. 의견의 다양성과 그에 따른 토론은 기존의 사고방식을 탈피하고 새로운 가능성을 탐구하는 데 큰 역할을 한다.

무엇보다 수평적 커뮤니케이션의 핵심은 서로를 존중하는 태도이다. 이러한 환경에서는 구성원들이 자신의 의견을 자유롭게 표현할 수 있으며, 이는 조직의 발전을 위한 중요한 디딤돌이 된다. 팀 회의에서는 모든 의견을 경청하고, 의견 충돌이 발생하더라도 이를 잘 조율하여 합의점을 찾으려는 노력이 필요하다. 또한 투명한 의사소통으로 정보를 개방적으로 나누는 문화는 조직 내의 불신을 줄이고, 구성원 간의 유대감을 강화한다.

마지막으로 수평적인 커뮤니케이션의 핵심은 자율성의 존중이다. 각자가 자신의 역할에 대한 책임감을 느끼고 자기의 생각을 주장할 수 있는 환경은 직원들의 동기부여와 업무 만족도를 높이는 데 기여한다.

결국, 수평적인 커뮤니케이션은 단순한 대화의 형식을 넘어서, 조직의 문화와 가치를 형성하는 중요한 요소라고 할 수 있다. 상호 존중과 신뢰를 바탕으로 한 자유로운 대화는 창의성과 혁신을 끌어낸다. 따라서 모든 조직은 수평적 커뮤니케이션을 적극적으로 도입하고 실천하여, 발전적이고 창의적인 분위기를 조성해 나가는 것이 필요하다.

■ 매력적인 대화를 위한 목소리 ■

• 소신 있고 신뢰 가는 목소리

영화배우 이병헌이나 한석규는 목소리가 매우 매력적인 사람으로 꼽힌다. 이금희 아나운서의 목소리는 또 어떤가? 이런 사람들의 목소리는 사람의 마음을 움직이는 힘이 있다.

아나운서의 목소리 톤, 정확한 발음이 중요한 건 기본적으로 신뢰를 주어야 하는 직업군이기 때문이다. 프로그램 진행자가 높은 톤으로 앵앵거리는 목소리라면, 아마 그 방송을 끝까지 시청하는 사람은 거의 없을 것이다.

같은 음식도 어떤 그릇에 담느냐에 따라 보는 이의 식욕이 달라진다. 잘 만든 음식 못지않게 담아내는 그릇이나 플레이팅도 중요하다. 말하기에서 목소리와 어조는 바로 그릇에 해당한다. 아무리 좋고 훌륭한 내용이라도 전하는 목소리에 힘이 없으면 소용이 없다.

좋은 음색과 상황에 맞는 목소리를 자유자재로 연출할 수 있다면 호감과 신뢰를 얻는 데 플러스 요인이 될 것이다. 특히 발음과 목소리 톤은 비즈니스 현장에서 가장 신경 써야 한다. 우물거리거나 말꼬리를 흐리면 의사소통이 어려워지고, 말이 너무 빠르면 무슨 소리인지 알아 듣기가 힘들다. 또, 목소리가 너무 작으면 내용 전달이 잘 되지 않고, 너무 커서 귀가 피로감을 느낀다면 참으로 곤란하다. 천천히 또박또박, 힘차고 경쾌한 느낌을 주는 것이 중요하다.

프레젠테이션할 때는 발음, 말하는 속도, 톤의 높낮이 등 여러 요소가 중요하다. 긴 시간 동안 혼자 발표해야 하는 데다가 정해진 시간 내에 필요한 내용을 발표해야 하므로 이 세 가지 요소를 전략적으로 잘 조절하는 것이 필요하다.

핵심 사항은 또박또박 강한 어조로, 간략하게 언급하고 넘어가도 되는 사항은 조금 빠른 어조로, 강조할 부분은 목소리를 다소 높은 톤으로, 설득해야 할 때에는 톤을 낮춰 부드럽게 이야기하는 것이 효과적이다. 물론 저마다 생김새가 다르듯이 목소리 또한 다르고, 모두가 배우 한석규처럼 매력적인 목소리를 가진 것은 아니다. 하지만 꾸준히 관리하고 연습한다면 한 시간 정도 차분하고 편안한 목소리를 내는 것은 어렵지 않다.

좋은 목소리는 몸과 마음의 건강 상태와 연관이 있다. 흥분하거나 긴장할 때 목소리 톤이 높아지거나 쇳소리가 나오는 경험 누구나 한 번쯤 해봤을 것이다. 따라서 편안한 마음이 중요하며, 건강한 생활 습관으로 깨끗한 성대를 유지하는 데에도 신경 쓰자.

자세와 표정도 대화에 영향을 미친다. 성악가는 노래 부를 때 곧은 자세를 유지한다. 허파에서 올라오는 공기가 기도를 따라 성대에 정확하게 전달될 수 있도록 허리와 상체를 곧게 펴는 것이다. 또한, 표정이 살아 있다는 것은 얼굴 근육이 발달한 것을 말하며, 얼굴 근육이 발달하면 정확한 발음을 하는 데 도움이 된다.

복식 호흡을 통해 깊은 소리를 내는 연습을 해보는 것도 좋다. 성악가나 연극배우들을 보라. 듣기 싫은 목소리를 가진 사람은 찾아보기 어렵다. 후천적 노력으로 어느 정도 극복 가능한 것이 목소리이다. 성대도 일종의 근육이기 때문에 다양한 근육 활동을 통해 목소리의 변화를 불러올 수 있다.

- **겸손하고 부드러운 말투**

말하는 '버릇'이나 '본새'를 뜻하는 말투는 가장 오해 사기 쉬운 부분으로 같은 내용이라도 말투에 따라 듣는 사람의 기분이 달라진다. 예를 들어, 퉁명스럽거나 딱딱한 말투는 차가운 인상을 주어 거부감이 주고, 말꼬리를 올리는 공격적인 말투는 싸움을 걸거나 비꼬는 듯한 느낌을 줄 수 있다. 너무 가르치려는 말투는 잘난 척하는 인상을 주며, 너무 빠르게 주절거리는 말투 또한 경박한 인상을 주어 신뢰할 수 없게 만든다.

평소에 말 잘한다고 여긴 사람이 있으면 떠올려보자. 그 이유가 그 사람의 말투 때문은 아니었는가? 상대방의 심기를 건드리지 않으면서 자신의 의사 표현은 조곤조곤 제대로 하는 사람과 이야기할 때 우리는 대화의 재미를 느낀다.

비즈니스에서 어떻게 말하느냐는 매우 중요하다. 공격적이거나 경박하거나 천박하다는 인상을 주어서는 안 된다. 말투는 오랜 시간에 걸쳐 굳어진 습관이기 때문에 쉽게 고쳐질 수 있는 부분이 아니다. 처음엔 말투 때문에 상처받았지만, 알고 보니 말투와는 다른 사람이라는 것을 알게 되었다는 평가 때문에 고칠 필요성을 느끼지 않는 사람도 있을 것이다.

비즈니스뿐 아니라 일상생활에서도 말투는 매우 중요하다. 평소 자신의 말투를 신경 쓰고, 남들이 말투에 대해서 하는 말도 흘려듣지

말고, 고치도록 노력하자. 자기 말을 직접 녹음해서 들어보는 방법도 좋다. 목소리의 어색함은 둘째치고서라도 "내가 이런 말투를 쓴단 말이야?"라고 깜짝 놀랄 것이다.

- **자신감 있는 어조와 억양**

　매력적인 대화를 하는 데 있어서 목소리의 높낮이와 강약도 영향을 미친다. 말에도 리듬이라는 것이 있다. 우리는 늘 같은 톤의 목소리로 이야기하지 않는다. 감정이나 기분에 따라 목소리의 높낮이가 달라지고 말의 빠르기가 달라진다. 흥분할 때를 떠올려보라. 목소리 톤이 자신도 모르게 높아지면서 새된 소리가 나온다. 이런 목소리를 듣기 좋아하는 사람이 있을까? 듣기 불편할 뿐만 아니라 뭔 말을 하고 있는지 제대로 들리지도 않는다.

　낮은 어조의 목소리는 듣는 사람에게 편안함과 신뢰감을 줄 수 있으며, 내용 전달이 잘 된다. 앞서 말한 목소리가 좋은 연예인도 대개 저음의 차분한 목소리를 가진 사람들이다.

　때에 따라서는 강하게 강조해야 하는 부분도 생긴다. 웅변가나 연설가들은 핵심적인 메시지를 전달할 때 어조를 높여 강조하기도

하고, 내용에 따라 목소리의 톤, 말의 빠르기와 강약을 조절한다. 실제로 낮은 어조로 천천히 말하는 것은 설득에 유리하고, 높은 어조로 약간 빠르게 말하는 것은 어필하거나 의견을 요구하는 상황에서 유리하다.

모 생명보험의 광고는 낮은 어조로 무서운 이야기를 시작한 후, 막판에 높고 경쾌한 어조로 바꾸어 이야기를 마무리 짓는다. 이런 리듬감은 핵심 메시지에 더 집중하게 한다.

비즈니스 대화에서도 내용에 따라 목소리의 높낮이와 강약을 달리할 필요가 있다. 핵심 내용을 강조하거나 긴박감을 조성할 필요가 있을 때는 목소리 톤을 살짝 높여 강하게 이야기하고, 반대로 대화를 마무리 지을 때는 차분하고 부드러운 어조로 이야기하는 편이 좋다. 특별히 중요한 부분은 힘을 주어 또박또박 말해야 한다.

- **리듬감 있는 속도**

우리는 말하는 속도로 상대방의 성격을 유추해 내곤 한다. 말이 빠른 사람은 성격이 급하고 흥분을 잘하며, 말이 느린 사람은 사려 깊고 느긋하다고 생각한다. 실제로 말의 빠르기는 사람의 성격과 감정 변화에 따라 달라진다. 흥분하면 말이 빨라지고, 당황하면 더듬거리면서 쉽게 말을 잇지 못한다.

반대로도 생각해 볼 수 있다. 열정적인 연설을 생각해 보라. 말의 속도가 좀 빠르지 않던가? 만사가 귀찮은 사람의 말 빠르기는 어떠한가? 느릿느릿, 맥없이 축축 처지는 느낌이 들지 않던가? 말의 속도는 말하는 사람의 삶의 태도와도 연관되어 있다.

훌륭한 웅변가는 클라이맥스로 치달을 때는 빠르고 강하게, 생각할 여유를 줄 때에는 천천히 부드럽게 말의 속도를 조절해 청중을 휘어잡는다. 속도를 조절함으로써 청중은 연설의 핵심을 빠르게 이해하고 중요한 부분을 기억하게 된다. 그러므로 내용과 상황에 맞게 말의 속도를 달리해줄 필요가 있다.

- **정확한 발음**

영어뿐 아니라 우리말도 발음이 중요하다. 아무리 내용이 좋고, 말의 어조와 말 속도가 완벽해도 발음이 정확하지 못하면 문제가 크다. 의사소통의 중요한 핵심은 바로 '내용 전달'이기 때문이다.

우물우물 알아들을 수 없는 발음은 '무슨 말을 하는 거야?' 하며 짜증을 유발할 수 있다. 무슨 말인지 알아들을 수 없으니, 의사소통이 제대로 될 리 없고, 신뢰에도 큰 영향을 끼친다. 무엇보다 어떻게 발음하느냐에 따라 의미가 달라지는 때도 있으므로 특별히 주의하여야 한다.

발음 교정하는 방법 중 가장 널리 알려진 것은 볼펜을 입에 물고 책을 읽어보는 것이다. 실제로 아나운서들이 이 방법을 많이 쓴다고 알려졌다. 볼펜을 입에 물고 크게 소리 내어 책을 읽는 훈련을 반복해 보자. 2주 정도만 꾸준히 하면 분명 효과가 나타난다.

2부
AI 시대의 새로운 리더십

리더십의 진화:
지시에서 질문으로, 명령에서 영감으로

지금까지 조직의 전통적인 리더십은 주로 '지시'에 의존해 왔다. 팀 리더가 지시를 내리면, 팀원들은 그 지시에 따라 문제를 해결하는 행동 방식이 주를 이뤘다. 하지만 디지털과 AI 등 급변하는 현대의 조직 환경에서 리더십은 '상호작용의 유연함'으로 '질문에 기반한 리더십'을 더욱 필요로 하게 되었다. 즉, 혁신과 창의적 변화를 요구하는 기업 환경에서 '지시와 명령' 중심의 리더십은 분명한 한계를 보일 수밖에 없고, 이에 대한 대안이 바로 '질문리더십'이라고 할 수 있다.

■ 리더의 질문이 조직을 바꾼다 ■

전직 미국 대통령 버락 오바마는 백악관 관계자들에게 "우리가 잘못 생각하고 있는 게 뭘까?"라는 질문을 자주 던졌다고 한다. 이를 통해 정책을 결정 과정에서 더욱 혁신적인 접근을 가능하게 하였다. 또한 구글의 전 CEO 에릭 슈미트는 매주 금요일 'TGIF'라는 모임을 통해 직원들과 자유로운 질문과 답변 시간을 가졌고 이를 통해 직원들의 의견을 수렴하고 구글의 성장 전략에 반영하였다.

조직에서 리더의 질문이 중요함은 여러 사례와 연구를 통해 입증되었다. 리더의 결정적 질문이 팀의 성과와 혁신에 매우 직접적인 영향을 미치는 것이다.

하버드 경영대학원의 종신교수이자, 리더십과 조직 학습 분야에서 세계적으로 인정받는 에이미 에드먼슨(Amy Edmondson) 교수는 '심리적 안전감' 개념을 바탕으로 팀원들이 안전한 업무 환경에서 자유롭게 질문하고, 자신의 의견을 표현할 수 있는 분위기에서 창의성과 혁신이 촉진된다고 주장했다.

'심리적 안전감'은 '구성원이 업무와 관련해 어떤 의견을 제시해도 벌을 받거나 보복당하지 않을 거라 믿는 조직 환경'으로 정의할 수 있다. 에드먼슨 교수는 이 개념은 조직의 생산성과 혁신을 높이는 핵심 요소라고 강조했다. 리더가 겸손한 태도로 질문하는 것이 구성원과의 원활한 관계 형성을 돕고, 심리적 안정감을 조성하며 조직 내 소통을 촉진하는 효과가 있다는 것이다. 특히 수직적 위계질서가 강한 한국의 조직문화에서도 심리적 안전감을 뿌리내릴 수 있다고 언급했다. 에드먼슨은 그의 저서 『질문하는 리더』를 통해 현대 비즈니스 환경에서 탁월한 리더란 '모든 것에 답을 아는 사람'이 아니라 '**좋은 질문을 하는 사람**'으로 전환해야 한다고 강조하며 특히 조직 내 효과적인 소통과 혁신을 위한 접근 방식으로 'IDEA 프레임워크'를 제시하였다.

IDEA는 Invite(초대), Discover(발견), Examine(검토), Act(행동)의 약자로 문제 해결과 의사결정 과정을 단계별로 구조화한 것이다. IDEA 프레임워크를 통해 팀원들의 다양한 의견을 수렴하고, 참여를 독려함으로써 새로운 아이디어와 관점을 발견하고 검토하는 과정을 통해 리더가 최종적으로 구체적 행동을 할 수 있도록 하는 것이다.

▌Invite (초대)

모든 구성원의 참여를 끌어내는 단계로 최고경영자가 의사 결정 단계에서 직원들을 초대해 자유로운 질문과 답변 시간을 갖도록 환경을 조성한다. "**당신의 생각은 어떠한가?**"라는 간단한 질문으로 시작한다.

▌Discover (발견)

기존에 설정된 가정에 도전하고 새로운 가능성을 탐색하는 단계로 "**왜?**"라는 질문이 핵심이다. 문제의 본질과 새로운 기회를 발견하기 위해 다양한 관점에서 정보를 수집하는 것이다.

좋은 예시로 애플의 스티브 잡스가 제품 개발 과정에서 "왜?"라는 질문을 지속적으로 던져 제품의 목적과 가치를 발견한 것을 들 수 있다.

▌Examine (검토)

데이터와 증거를 통해 아이디어를 검증하는 단계로 "**어떻게 확인할 수 있을까?**"가 주요 질문이다. 수집된 정보와 아이디어를 비판적으로 분석하고 평가하는 것이다.

버락 오바마 전 미국 대통령이 백악관 관계자들에게 "우리가 잘못 생각하고 있는 게 뭘까?"라고 질문하며 정책을 재검토한 것이 이에 해당한다.

▍Act (행동)

실험하고 학습하는 단계로 "작게 시작해 볼까?"라는 질문으로 실행을 촉진한다. 즉 검토 결과를 바탕으로 구체적인 실행 계획을 수립하고 실천하는 것이다.

애플의 공동창업자 스티브 워즈니악(Steve Wozniak)이 "마음에 드는 컴퓨터를 찾지 못했다."는 문제의 발견과 기존 컴퓨터의 한계를 분석한 후 직접 컴퓨터를 만들기로 결정하고 행동에 옮긴 것이 좋은 예시라고 할 수 있다.

마이크로소프트의 최고경영자였던 사티아 나델라(Satya Narayana Nadella)는 IDEA 프레임워크를 적극 활용하여 '성장 마인드 셋' 문화를 정착시켰다. 그 결과 시가총액 2조 달러의 매출을 달성하며 클라우드 시장에서 아마존을 빠르게 추격했다. 구글의 'Design Sprint'도 IDEA 프레임워크를 적용하여 '5일간의 집중적인 질문 과정'을 통해 혁신적인 제품을 개발할 수 있었다.

에드먼슨 교수는 '리더의 질문이 조직을 바꾼다'는 당위적 명제 아래 IDEA 프레임워크가 이러한 리더십의 전환을 위한 실천적 도구라고 강조했다. 또한 조직의 창의와 혁신은 바로 리더의 좋은 질문에서 시작되며 참여와 실험, 학습의 조직문화 조성을 위해 리더의 역할이 매우 중요해지고 있음을 인식해야 한다고 거듭 강조하였다.

■ AI 시대! 질문의 역할과 중요성 ■

AI는 데이터를 분석하고, 패턴을 찾으며, 예측 모델을 제공하는 데 탁월한 능력을 발휘한다. 하지만 질문이 주어졌을 때 AI는 논리적인 답을 제공할 수는 있으나, 그 질문을 '어떻게' 설정할지에 대한 판단은 오로지 '인간 리더'의 몫이라고 할 수 있다. 조직 내 구성원 간의 커뮤니케이션과 창의적인 문제 해결의 과정은 팀 리더에게 절대적으로 의존할 수밖에 없다.

구글은 2015년 방대한 비밀 연구 '프로젝트 아리스토텔레스'를 통해 '최고의 팀 성과'에 대한 결과를 공유하였다. 2년 동안 구글의 180개 팀을 심층 연구한 결과 팀 성과를 높이는 주요 요인 중 하나로 '심리적 안전감'을 꼽았다. 결과적으로 팀원들이 자유롭게 질문하고, 피드백을 주고받는 조직문화가 성과 창출에 매우 큰 영향을 미친다는 것이다.

가장 흥미로운 사실은 모두가 인정하는 '천재들만 모인 팀'이 결코 최고의 성과를 창출하지는 못했다는 점이다. 오히려 "실수해도 괜찮아!", "네 생각은 어때?" 이런 분위기가 형성된 팀이 가장 성과가 좋았다. 마치 친구들과 대화하듯 편안한 분위기의 팀이 최고의 성과를 냈던 것이다.

- "틀려도 괜찮아!"
- "우리는 널 믿어!"
- "우리는 지금 중요한 일을 하고 있어!"

누구나 실수할 수 있고, 좋은 아이디어를 가지고 있다는 폭넓은 자세와 서로를 존중하는 마음과 태도가 멋진 성과를 이뤄낸 것이다.

IBM은 리더십 전문가인 마셜 골드스미스(Marshall Goldsmith)와 함께 『What Got You Here Won't Get You There』라는 저서를 발간하면서 제목 그대로 '지금까지의 조직의 성공 방식이 앞으로의 성공을 보장하지 않는다'는 결론을 내렸다.

IBM이 발견한 가장 성공적인 팀은 '가장 엄격한 리더'가 있는 팀이 아니라, '가장 배려심이 많은 리더'가 있는 팀으로 '함께 배우고 성장하자'는 마음가짐을 가진 리더가 이끄는 팀이었다. 그 핵심을 요약하면 다음과 같이 정리할 수 있다.

- 팀원들의 의견을 진심으로 경청하기
- 새로운 아이디어 환영하기
- 실수해도 격려해 주기
- 함께 공부하고 성장하기

리더는 과거의 성공이 미래의 성장을 방해하는 행동으로 이어질 수 있음을 자각해야 한다. 최고의 리더가 되려면 지시와 명령이 아닌, 경청과 격려로 구성원과 함께 성장을 멈추지 않아야 한다.

■ 탁월한 리더가 던져야 할 질문 3가지 ■

스타트업에서 흔히 볼 수 있는 대표적인 문제는 빠른 의사결정을 위해 극소수의 리더들이 모든 과정을 독점하는 것이다. 하지만 리더의 질문을 통해 구성원들을 의사결정 과정에 적극적으로 참여시키면 최종적으로 더 훌륭한 결과를 끌어낼 수 있다. 실제로 다양한 스타트업 기업과 조직에서 성과로 입증되고 있다.

질문리더십을 적용한 한 IT 스타트업 K 대표는 제품 개발 과정에서부터 아래와 같은 질문들을 수시로 팀원들에게 던졌다.

- "이 기능은 정말 필요한 것인가?"
- "고객들은 과연 어떻게 느낄 것인가?"

리더의 이러한 열린 질문들은 팀원들이 더 깊게 고민하고, 심도 있는 논의와 토론을 하도록 이끌었고 그 결과, 기존의 방식보다 더 창의적이고 고객 친화적인 제품이 탄생하게 되었다고 한다. 질문을 통한 리더십이 속도가 중요한 스타트업의 빠른 성장을 촉진하는 중요한 역할을 한 것이다.

질문에 기반한 리더십의 핵심은 의미 없는 질문들을 마구잡이로 던지는 것이 아니라, '상황에 맞는 효과적인 질문'에 있다고 할 수 있다. 포브스와 더 타임스는 '세계에서 가장 영향력 있는 비즈니스 사상가 15인' 중 한 명으로 리더십 전문가 마셜 골드스미스를 선정했다. 골드스미스는 리더가 던져야 할 효과적인 질문으로 '열린 질문', '반성적 질문' 그리고 '미래지향적 질문'을 꼽았다. 이 세 영역의 질문이 팀원들로 하여금 현재 상황을 더 깊게 이해하고, 문제를 해결하는 중요한 도구가 된다고 주장하였다.

1. 열린 질문
"우리가 이 프로젝트에서 더 잘 해낼 방법은 무엇일까?"

열린 질문의 이론적 근거는 '자기 주도성'과 '다양성의 가치'에 있다. 열린 질문은 팀원들이 스스로 문제를 찾아내고 자유롭게 의견을 공유하고, 다양한 해결책을 제안하도록 유도한다. 즉, 열린 질문은 팀 내 의사소통과 창의성을 자극하는 중요한 도구라고 할 수 있다.

각자의 경험과 지식을 활용해 해결책을 찾아가는 과정에서 다양한 관점과 시선들이 모여 문제 해결 능력을 확대하고, 이는 곧 더 높은 팀 성과로 이어지게 된다.

열린 질문은 팀원들이 자기의 생각을 자유롭게 표현할 수 있는 환경을 조성하는 것이 중요하다. 다음은 열린 질문의 좋은 예와 간략한 설명이다.

▎이 프로젝트에서 우리가 직면한 가장 큰 도전은 무엇이라고 생각하는가?

팀원들이 프로젝트의 위험 요소를 파악하고, 이를 해결하기 위한 방안을 논의할 수 있다.

▎우리의 작업을 좀 더 효율적으로 진행하려면 어떤 추가적인 기술이나 도구가 필요한가?

새로운 도입이 가능한 기술적 요소를 탐색함으로써 현재 시스템을 업그레이드할 기회를 찾게 된다.

▎목표 달성을 위해 팀원 간 소통 방식을 어떻게 개선할 수 있을까?

협력체계를 더 탄탄하게 다질 방법을 모색하고, 팀 소통의 문제를 해결하는 데 도움을 준다.

▎이 프로젝트가 완료된 후, 우리는 어떤 성과를 얻길 바라는가?

팀원들은 목표를 명확히 설정하고 기대하는 성과를 공유함으로써 동기 부여가 된다.

▎이전 프로젝트의 경험에서 얻은 개선점을 현재 프로젝트에 어떻게 적용할 수 있는가?

과거의 경험에서 배움을 얻고, 현재 상황에 맞게 적용함으로써 더 나은 결과를 끌어낼 수 있는 실마리를 제공한다.

▎각자 맡은 역할에서 우리에게 직면한 가장 큰 도전 과제는 무엇인가?

팀원들에게 각자의 경험을 바탕으로 문제를 토론하고, 서로의 견해를 이해하는 데 도움을 준다.

▎프로젝트 진행 중에 더 효과적으로 소통할 수 있는 방법은 무엇이라고 생각하는가?

이 질문은 소통 방식에 대한 의견을 나누고, 개선할 점을 찾는 기회를 제공한다.

▌우리에 목표를 달성하기 위해 어떤 추가 리소스나 지원이 필요할까?

팀원들이 필요로 하는 자원이나 지원에 관해 이야기를 나누며 더 나은 계획을 세울 수 있다.

▌이 프로젝트에서 어떤 성과를 기대하고 있는가? 그리고 이를 위해 어떤 노력을 기울일 수 있을까?

서로의 기대를 공유하고, 목표 달성을 위한 공동의 노력을 강조하는 분위기를 조성한다.

이처럼 열린 질문들은 각자의 경험과 지식이 모여 풍부한 결과를 만들어내는 과정을 통해, 팀은 더 큰 시너지를 발휘할 수 있다. 팀원들이 적극적으로 참여하고, 다양한 의견을 수렴함으로써 프로젝트의 성공 가능성을 높여주는 중요한 요소라고 할 수 있다. 열린 질문을 통해 의사소통의 필요성을 인식하고, 이를 적극적으로 활용해야 한다. 무엇보다 중요한 것은 팀원들이 자유롭게 자신의 의견을 표현할 수 있도록 열린 질문의 환경을 조성하는 것이다.

2. 반성적 질문

"이번 실수를 통해 무엇을 배웠는가?"

반성적 질문은 실패나 실수에서 배움을 얻고, 자신의 경험을 돌아보게 하며, 이를 통해 개선점을 찾고 성장하는 기회를 제공한다. 또한 개인의 사고 패턴과 행동 과정을 반성하고 조정하는 능력을 키워준다.

반성적 질문은 주로 '메타인지'라고 하는 심리학 이론에 근거한다고 할 수 있다. 이 질문들은 자신의 행동과 결과를 분석해 향후 비슷한 상황에서 더 나은 결정을 내릴 수 있도록 유도한다. 팀 환경에서는 단순히 결과를 분석하는 것이 아니라, 서로의 경험을 공유하고 협력하여 집단으로 성장하는 기회를 만들어 낸다. 다음은 반성적 질문의 좋은 예와 간략한 설명이다.

▎ 이번 프로젝트에서 발생한 문제는 무엇이며, 이 문제를 어떻게 방지할 수 있을까?

이 질문은 팀원들이 문제를 명확히 인식하고, 문제 해결을 위한 예방 조치를 다각적으로 생각하게 한다.

▌이 실수와 관련하여 개인적으로 어떻게 반응했으며, 그 반응이 결과에 어떤 영향을 미쳤는가?

자신의 감정이나 반응을 분석하고 무엇을 바꿔야 할지를 고민함으로써, 앞으로 발생할 비슷한 상황에서 더 나은 대응을 할 수 있다.

▌우리가 정상적으로 진행했다면 어떤 결과를 얻을 수 있었을까?

성공할 수 있는 실현 가능한 상황을 설정하고 현실로 이루려면 현재 어떤 개선이 필요한지를 모색하게 한다.

▌이번 경험을 통해 팀워크 측면에서 어떤 교훈을 얻었나?

팀원들이 협력하는 과정에서 얻은 교훈을 서로 나누고, 더 나은 팀 문화와 소통 방법을 찾을 수 있다.

▌비슷한 실수를 반복하지 않기 위해 어떤 시스템이나 프로세스를 도입할 수 있을까?

실수의 원인을 정확히 구별하고, 이를 해결하기 위한 새로운 시스템이나 방안을 제안하여, 구조적인 변화를 모색한다.

위와 같은 반성적 질문은 실수를 통해, 팀원들은 서로의 경험을 바탕으로 성장할 기회를 얻고, 더 큰 발전을 이룰 수 있는 것이다.

3. 미래지향적 질문
"다음 프로젝트에서는 어떤 방식으로 접근해야 할까?"

미래지향적 질문은 팀원들이 단순한 피드백을 넘어, 팀의 비전과 목표를 함께 고민하고 조율하는 계기가 된다.

미래지향적 질문은 비전 프로세스와 목표 설정 이론에 기반한다. 비전 프로세스는 조직이나 개인이 장기적인 목표를 설정하고 이를 달성하기 위한 계획을 세우는 과정을 중심에 두고 있다. 목표 설정 이론은 구체적이고 도전적인 목표가 개인과 팀의 성과를 향상한다는 것을 강조한다. 즉, 이러한 미래지향적 질문들을 통해 팀원들은 미래에 대한 명확한 그림을 그리고, 필요에 따라 과거의 경험을 되살려 최적의 전략을 세울 수 있게 된다. 다음은 미래지향적 질문의 좋은 예와 간략한 설명이다.

▌이번 프로젝트에서 최대의 장애물은 무엇이며, 이를 극복하기 위해 어떤 전략을 사용할 수 있을까?

이 질문은 팀이 장애물을 미리 인식하고 이에 대한 해결책을 논의하도록 유도한다.

▌다음 프로젝트에서 우리가 적용할 새로운 기술이나 방법은 무엇일까?

최신 기술이나 트렌드를 반영하여 혁신적인 접근을 모색할 수 있는 기회를 제공한다.

▌이전 프로젝트의 교훈을 바탕으로, 우리가 반드시 피해야 할 실수는 무엇이라 생각하는가?

과거의 경험을 체계적으로 분석하여 실수를 최소화하는 방안을 찾는 데 도움이 된다.

▌프로젝트 성공을 위해 우리의 어떤 핵심 지표를 어떻게 설정해야 할까?

성과를 측정할 수 있는 구체적인 기준 설정을 통해 목표에 대한 집중도를 높인다.

▎팀원들이 각자의 역할에서 더욱 효과적으로 협력하기 위해 어떤 조치를 취할 수 있을까?

팀워크를 높이기 위한 구체적인 방법을 고민하면서 협력의 중요성을 강조한다.

결론적으로, 미래지향적 질문은 단순한 의사소통의 도구가 아니라, 팀의 목표를 명확히 하고 창의적인 해결책을 찾는 중요한 과정이다. 자신들의 생각과 의견을 자유롭게 나눌 수 있는 팀 문화가 조성되면, 이러한 질문들을 통해 구성원 각자의 성장과 더불어 더 나은 팀 성과를 이룰 수 있을 것이다.

05

AI 시대가 요구하는 리더의 새로운 역할

　AI의 급격한 발전으로 조직 내 리더의 역할이 변하고 있다. 과거에 지시리더십은 빠른 결정을 내려야 하거나 긴급한 상황에서 효과적인 반면 소통에 제한적이고, 창의성을 발휘할 기회를 얻지 못한다는 한계가 있다. 그러나 AI 시대에는 복잡한 데이터 분석과 예측 등은 AI가 담당하고, 리더는 구성원 간 원활한 소통과 협력, 문제를 해결해 가는 역할로 리더십이 변하고 있는 것이다. 결국 팀 내 감정적 커뮤니케이션이나 창의적 문제 해결 등의 결정은 리더에게 달려 있다고 할 수 있다.

■ AI 시대에 요구되는 리더의 역할 ■

헬스케어 전문기업 존슨앤존슨은 수술 전 예측 모델을 생성하고, 더 나은 진단을 제공하기 위해 AI 알고리즘을 활용하고 있다. AI가 데이터 처리 및 패턴 인식, 예측 모델 구축에서 뛰어난 성과를 보이고 있는 것이다. 하지만 AI가 데이터를 분석해 결정하는 데 실질적 도움을 줄 수 있지만, 팀원들의 감정 상태를 파악하거나 팀 내 협력 관계를 강화하는 데 분명한 한계를 가지고 있다. 즉, AI는 리더의 판단과 감정적 소통 능력을 대체할 수는 없는 것이다.

AI는 논리적 판단과 데이터 분석에는 뛰어난 반면, 감정적 교감과 공감은 여전히 인간의 고유 영역이다.

리더십의 중요한 역량은 구성원들의 감정과 동기를 이해하고 그들의 성장을 지원하는 능력을 갖추고 있어야 한다. 따라서 리더는 직관과 경험을 바탕으로 혁신적이고 창의적인 사고를 바탕으로 의사결정을 해야 한다. 데이터에만 의존하지 않고, AI 도구를 효과적으로 활용하면서 인간만의 독창성을 발휘하는 능력도 매우 중요하다.

다수의 연구에 따르면 AI의 빠른 발전에 따라 조직 내 리더에게 더욱 요구되는 역할을 4가지로 정리할 수 있다.

① 인간 중심의 리더십

리더는 이제 공감 능력, 창의성, 그리고 윤리적 판단과 같은 인간 고유의 특성을 더욱 필요로 할 것이다. 데이터 분석과 일상적인 업무는 AI를 통해 효율성을 높이고 인간 고유의 특성을 조직 성장의 원동력으로 삼아야 한다.

② 지속적인 학습과 적응

AI 기술은 계속 발전하고 있다. 리더는 끊임없이 새로운 기술을 배워 이러한 변화에 뒤처지지 않도록 조직을 변화에 적응시켜야 한다.

③ AI와 인간의 협업 촉진

미래의 리더는 구성원들이 AI와 협력할 수 있는 환경을 만들어야 한다. 이는 AI의 강점을 효과적으로 활용하면서도 팀원들의 잠재력을 최대한 끌어내는 것을 의미한다.

④ 비전 제시와 방향 설정

데이터를 기반으로 한 의사결정은 AI가 도와줄 수 있지만, 조직의 큰 그림을 그리고 방향을 설정하는 것은 여전히 리더의 몫이라고 할 수 있다.

■ **성공적인 리더의 AI 활용과 직관적 판단** ■

리더는 AI가 제공하는 데이터는 좀 더 합리적인 결정을 내리는 데 사용하고, 그 정보에 대해 냉철하고 비판적으로 판단하고 해석하는 것이 중요하다.

독일의 지멘스는 AI를 활용하여 공장 내 운영을 자동화하는 데 성공하였다. 지멘스의 리더들은 AI의 데이터에만 의존하지 않고, 현장 근로자들의 피드백을 적극 반영하여 운영의 효율성을 높였다. 즉, AI가 제공하는 데이터를 토대로 하되, 리더가 정서적이고 직관적인 판단을 통해 조직의 방향을 설정한 것이다.

성공적인 리더들은 AI를 팀원들과의 협력 과정을 촉진하는 촉매제로 사용한다. 팀의 단순 업무인 데이터 정리, 기본 보고서 작성, 일정 관리 등은 AI가 처리하도록 하고 팀원들은 더 가치 있는 일에 집중할 수 있도록 한 것이다.

AI의 급속한 발전과 빠르게 변화하고 있는 조직 환경에 따른 성공적인 리더의 핵심 전략을 3가지로 제시하였다.

① AI 리터러시의 향상이다. 성공적인 리더들은 AI 기술에 대한 이해도를 높이고 AI 도구의 장단점을 파악하여 팀 성과 향상에 효과적으로 활용하는 것이다.

② 인간-AI 협업모델 혹은 협력의 구축이다. AI의 강점과 인간의 창의성을 결합한 새로운 업무 수행 방식으로 팀의 생산성과 혁신을 높이는 것이다.

③ AI 사용 문화의 조성이다. AI 사용에 따른 윤리적 문제에 주의를 기울이고, 공정하고 투명한 AI 활용 문화를 만들어가는 것이다.

이제 바야흐로 리더십의 새로운 도전이 시작되었다고 할 수 있다.

AI 시대의 리더는 기술과 인간 사이의 균형을 잡아가며 데이터 기반 의사결정과 함께 직관과 경험을 조화롭게 활용하는 것이 중요하다.

AI는 리더에게 새로운 도구를 제공하는 동시에 도전 과제도 안겨 주었다. 성공적인 리더는 AI를 효과적으로 활용하면서도 인간 중심의 리더십을 잃지 않아야 한다. 이를 통해 팀의 성과를 높이고 조직의 경쟁력을 강화할 수 있을 것이다.

주목할 만한 사례로, 한 중견기업 A사의 마케팅팀은 AI의 장점을 최대한 활용하여 데이터 분석 시간을 대폭 절감하였다. 24시간 연속으로 대량의 데이터 처리를 통해 마케팅 인사이트 도출과 예측 분석으로 선제적인 의사결정을 지원할 수 있게 된 것이다.

또한 AI를 활용하여 팀원들의 강점과 약점을 분석하고, 이를 바탕으로 개인별 특성에 맞는 맞춤 업무 분담으로 업무 만족도와 생산성을 동시에 향상했다. 아울러 AI 기반 성과 모니터링과 객관적인 데이터를 활용해 공정한 평가와 즉각적인 개선점이 실시간 피드백 시스템을 통해 파악할 수 있게 되었다.

여기서 우리가 눈여겨보아야 할 점은 AI를 도구로 사용했을 뿐,

최종적인 의사결정은 리더가 한다는 것이다. AI의 제안을 무조건 따르지 않고, 팀의 특성과 상황을 감안한 인간적인 요소를 항상 고려해 결정을 내렸다. AI 도입은 일자리 위협이 아닌 보조 도구의 목적임을 강조하고 충분한 사전 교육과 적응 기간을 제공하여 팀원들의 불안감을 해소한 것이다.

사실, 조직 내 AI의 성공적인 도입을 위한 팁으로 단계적 접근이 중요한데, 작은 프로젝트를 성공 사례로 만드는 것부터 시작해 점진적으로 확대하며 팀원들의 참여를 독려하는 것이다. AI 도구를 선택할 때 팀원들이 직접적인 사용 경험을 공유할 수 있는 기회를 마련하고, 팀원들의 의견을 적극 반영한다. 정기적으로 세션을 개최하여 혁신적인 활용 방안을 제안하는 팀원에게는 포상하는 것도 좋은 방법이다.

팀 리더가 반드시 명심해야 할 것은 구성원들과의 신뢰가 기본이며 가장 중요한 근본이라는 것이다. AI의 한계를 명확히 공유하고, 팀원들의 피드백을 적극 수용하며 실수가 있어도 함께 개선하며 균형을 잡아가는 자세가 필요하다. 기술과 감성 사이의 균형, 효율성과 팀 문화 사이의 균형, 혁신과 안정성 사이의 균형 등 성공적인 리더는

AI를 '대체제'가 아닌 '보완재'로 잘 활용해야 하는 것이다.

■ AI 시대에 소통하는 리더의 감성리더십 ■

AI는 반복적인 업무와 데이터를 분석하거나 추출하는 업무 프로세스에는 탁월하지만, 사람의 감정이나 복잡한 인간관계를 이해하는 데에는 한계가 있다. 이 때문에 AI 시대에서는 감정을 다루는 감성리더십을 통해 팀 내 신뢰와 협력을 높이는 것이 핵심이 될 수 있다.

감성리더십이란, 리더가 자신의 감정을 잘 인식하고 조절하며, 팀원의 감정을 이해하고 공감하는 리더십 스타일을 의미한다. 이는 단순한 업무 지시나 성과 평가를 넘어서 팀원 개개인의 '감정적 요구를 존중하고 지원하는 리더십'이라고 할 수 있다.

미국의 월마트는 이 점을 인식하고 AI를 통해 데이터를 처리하는 동시에, 현장에서 리더가 팀원들과 감성적으로 소통할 수 있도록 하는 '리더십 프로그램'을 도입했다. AI는 팀원의 성과 데이터를 분석하고 팀 리더는 그 결과를 바탕으로 팀원의 감정 상태를 파악하고 그들의 동기를 자극하는 피드백을 제공한다. 감성리더십을 실천하는 리더가 이끄는 팀은 구성원들이 심리적으로 안정감을 느끼고 리더의 지지 속에서 더 적극적이고 창의적으로 업무에 임할 수 있다. 팀원에게 동기부여와 감정적 관리를 담당하는 중요한 역할을 맡고 있는 것이다.

리더십 전문가들에 따르면 감성리더십의 핵심 요소는 4가지로 구성된다.

① **자기 인식**(Self-Awareness)
자기 인식은 자신이 어떤 사람인지, 자신의 감정과 행동이 팀과 조직에 어떤 영향을 미치는지를 이해하는 능력이라고 할 수 있다. 리더가 자신의 감정을 인식하고 이에 따라 행동을 조절하는 능력이 중요하기 때문이다.

리더가 감정 일지에 자신의 행동과 감정을 기록해 둠으로써 어떤 상황에서 어떤 감정이 나오고 그 감정이 행동에 어떤 영향을 미쳤는지를 분석할 수 있다. "오늘 내 감정의 변화를 유발한 사건은 무엇이었고, 그때의 내 반응은 어땠는가?"와 같은 하루 동안 느낀 다양한 감정과 프로젝트 진행 중간에 발생한 갈등 등을 기록해 두면 자신이 어떻게 반응했는지를 냉정하게 파악할 수 있다. 이러한 경험을 통해 앞으로 좀 더 침착하게 팀원들과 대화할 수 있는 방법과 지혜를 얻게 되는 것이다.

② **자기 관리**(Self-Management)

긴장 혹은 스트레스 상황에서도 감정을 효과적으로 조절하고 균형을 유지하는 능력을 의미한다. 리더가 자기 감정을 효과적으로 관리하지 못하면 팀 전체에 부정적인 영향을 미칠 수 있다. 이를 위해서 명상과 깊은 호흡 그리고 규칙적인 운동 등의 방법을 실천할 수 있다.

한 팀의 프로젝트 마감일이 다가오자, 리더가 팀원들에게 압박감을 주었다. 리더는 자신의 감정이 팀에 미치는 영향을 인식하고, 자신의 감정을 조절하기 위해 매일 15분씩 스트레칭과 명상을 통해 마음을 가라앉혔다. 그 결과 팀의 분위기가 점차 개선되었고 팀원들과의 소통도 원활해졌다. 리더가 자기 관리를 함으로써 스트레스를 줄이고, 팀의 사기를 높이는 데 기여할 수 있게 된 것이다.

③ **사회적 인식**(Social Awareness)

팀원들의 감정을 이해하고 공감하는 능력이다. 리더가 팀원들의 감정 변화를 인식하고 이를 적절히 대응할 수 있어야 팀 내에 신뢰하는 분위기가 조성되는 것이다. 리더가 그들의 감정을 공감해 줌으로써 팀원들은 안전하며 자신들이 존중받고 있음을 느끼게 된다.

팀원 중 한 명이 최근 들어 업무 성과가 부진하다는 것을 알게 되었다고 하자. 리더는 팀원의 감정 상태를 이해하기 위해 할 수 있는 것을 찾아야 한다. 예를 들면 개인 면담을 통해 팀원의 고민과 필요한 지원에 관해 이야기할 수 있도록 유도할 수 있다. 이를 통해 리더는 팀원의 감정과 고민을 해결할 개선 방안을 찾을 수 있고 팀원은 심리적으로 안전한 환경을 제공받을 수 있다.

④ **관계 관리**(Relationship Management)

팀원들과 긍정적이고 생산적인 관계를 형성하여 함께 목표를 달성할 수 있도록 지원하는 능력이다. 리더는 팀원들의 개별적인 특성을 이해하고 조화롭게 협력할 수 있는 환경을 만들어야 한다.

프로젝트 리더는 팀원들과의 관계를 긍정적으로 발전시키기 위해 정기적인 피드백 세션을 갖는다. 각 팀원의 의견을 적극적으로 수렴하고, 팀원과 소통하며 팀의 목표를 공유하는 시간은 팀원들이 자연스럽게 서로를 존중하고 지원하는 분위기를 만드는 데 기여한다. 이는 팀원들과의 신뢰 관계를 형성할 수 있다.

결론적으로, 감성리더십을 가진 리더는 팀원들에게 더 큰 안정감을 준다. 이는 협력적인 팀 분위기를 조성하여 창의적이고 적극적인 업무 참여를 유도해 팀 성과를 향상한다.

팀원들과의 긍정적인 관계를 형성할 수 있는 감성리더십은 경청하기, 감정 조절하기, 피드백 주고받기가 있다.

▍경청하기

경청하기는 다른 사람의 의견이나 감정을 진심으로 이해하려고 노력하는 과정으로 적극적인 경청은 팀원들이 자기가 존중받고 있다고 느끼게 한다. 이는 리더와 팀원 간의 신뢰 관계를 강화하는 데 도움을 준다. 이를 통해 리더는 팀원들의 필요와 감정을 보다 깊이 이해하게 된다.

예를 들어, 정기 회의에서 리더는 팀원들이 제안하는 아이디어를 항상 메모하며, 그들을 향해 고개를 끄덕이는 등 적극적으로 반응한다. 이 과정에서 리더가 "우리는 모두 이 아이디어에 대해 진지하게 생각하는 것만으로도 큰 의미가 있다."라고 하며 그 팀원의 의견을 존중해 준다. 결과적으로 아이디어를 걱정했던 팀원은 자신감을 얻고 더욱 적극적으로 자신의 의견을 낼 수 있게 된다.

▎감정 조절하기

리더는 감정을 조절할 수 있는 연습을 통해 팀원에게 믿음을 주어야 한다. 리더가 안정된 감정을 유지할 때, 팀원들도 불안감을 덜 느끼고 문제 해결을 위한 아이디어를 자발적으로 제안하게 된다.

프로젝트가 중대한 위기에 직면했을 때, 팀원들이 불안해하는 것을 본 리더가 차분한 목소리로 "지금 우리가 겪고 있는 어려움은 얼마든지 일어날 수 있는 일입니다. 함께 해결해 나가면 반드시 좋은 결과를 얻을 수 있습니다."라고 말하며 팀의 긴장을 풀어준다. 리더가 침착하게 대응함으로써 팀원들은 더욱 팀워크를 다지게 된다.

▌피드백 주고받기

피드백은 팀원들이 더욱 성장할 수 있도록 돕고, 자신도 발전할 기반을 마련해 주는 중요한 과정이다. 긍정적인 피드백은 팀원이 자신의 성취를 인식하는 데 도움을 주며, 부정적인 피드백은 발전의 기회로 삼을 수 있도록 한다.

피드백의 문화가 정착되면 팀원 간의 효율적인 협업이 향상되고 더 나은 성과를 끌어내게 되는 것이다. 그럼, 부정적인 피드백을 전달할 때, 어떻게 하면 기분 나쁘지 않게 전달할 수 있을까?

프로젝트 후 팀원에게 성과에 대한 피드백을 일방적으로 전달하기보다는 "이번 프로젝트에서 잘한 점과 개선할 점을 서로 이야기해 보자."고 제안한다. 이 과정에서 팀원들은 서로의 성과에 대해 긍정적인 점과 비판적인 의견을 건설적인 방법으로 전달함으로써 서로의 성장을 돕는 환경이 조성되고, 협력이 더욱 강화된 결과를 가져온다.

감성리더십에 기반한 리더의 질문은 AI 시대에 분명 매우 큰 가치와 효용을 가지게 될 것이다.

■ 직장인들이 원하는 이상적인 리더십은 코칭형 리더십! ■

구글은 AI를 활용하여 검색 알고리즘을 개선하는 동시에, 직원들이 스스로 더 나은 해결책을 찾도록 장려하는 '질문리더십' 문화를 구축했다. 구글의 리더들은 "AI가 제공한 이 데이터를 통해 어떤 새로운 가능성을 찾을 수 있을까?"와 같은 질문으로 직원들이 창의적인 해결책을 끌어낼 수 있도록 독려하였다. 또한, 딜로이트는 AI 기반 프로젝트에서 팀 리더가 "이 AI의 결과를 어떻게 개선할 수 있을까?"와 같은 질문을 통해 팀원들이 더 나은 솔루션을 찾도록 장려하는 사례를 발표했다.

이는 리더가 질문을 통해 AI가 제공한 결과를 비판적으로 검토하고 팀원들이 더 나은 결정을 내릴 수 있도록 돕는 방법을 보여준다고 할 수 있다.

2024년 10월, WEEKLY BIZ는 20~40대 직장인 1,178명에게 본인이 기대하고 바라는 이 시대의 리더십에 대해 설문조사를 실시했다.

'가장 원하는 리더'에 대한 응답으로는 '잘 가르쳐 주고, 내 업무 역량을 키워주는 사람'이 가장 많았다. '조직원들이 바라는 이상적인 리더십'에 대한 응답으로는 '코칭형 리더'가 44.1%로 가장 많았고, 이어 '민주적 리더(30.7%)', '독재적 리더(17.2%)' 등의 순으로 나타났다. 또, 선호하는 리더를 고르라는 질문에 응답자 중 35%는 '배울 것은 없지만 친구 같은 리더'를 꼽았고, 놀랍게도 설문 응답자의 64.5%가 '배울 것은 많지만 절대 못 친해질 것 같은 리더'를 선택했다.

'내가 속한 조직을 키워서 내 몸값을 더 비싸게 만들어주는 사람'과 '내가 속한 조직의 성과는 조금 못 낼지라도 나의 업무 역량을 키워주는 사람'을 고르라는 질문에서도 52.5%가 개인의 성장과 역량 발전이 더 중요하다고 응답했다.

설문조사 결과 한국의 직장인들은 배울 게 많고 업무를 잘 알려주는 '코칭형 리더'를 가장 이상적인 리더로 꼽았다. 코칭형 리더십의 핵심은 질문 기술의 활용이라고 할 수 있다. 즉, 리더는 팀원이 스스로 답을 찾도록 유도하는 질문을 통해 문제 해결 능력을 향상한다.

리더가 "이 문제를 해결하기 위해 어떤 방법을 생각해 볼 수 있을까?"와 같은 질문을 던짐으로써 팀원의 사고를 자극하고 주도적인 해결책을 찾도록 한다. 또한 코칭형 리더는 조직 내 갈등 상황을 창의적으로 해결할 수 있도록 팀원들을 지원하고, 동시에 감정 관리를 통해 건강한 조직 문화를 유지한다.

06

통찰력 있는 리더의
문제 발견 능력

인간은 지속적으로 성장하고자 욕구가 있다. 그리고 그 성장의 욕구를 가장 자극하는 최고의 리더십 스킬이 바로 질문이다. 사실 리더십의 중요한 역할 중 하나는 문제를 해결하는 것이다. 그러나 AI 시대에서 단순히 문제 해결 능력만으로는 충분하지 않다. AI는 이미 많은 문제를 자동으로 해결할 수 있는 능력을 갖추고 있기 때문에, 리더는 이제 문제를 '발견'하고 이를 미리 예방하는 능력을 발휘해야 한다.

6장에서는 AI 시대에 문제를 발견하는 리더십이 왜 중요한지, 그리고 이를 위해 필요한 역량들을 알아보자.

■ 성공적인 리더의 핵심 자질(A-W-C) ■

헬스케어 스타트업인 딥마인드는 AI를 활용해 질병의 조기 진단과 치료법을 제안하는 솔루션을 개발했다. 환자의 건강 데이터를 분석하여 가장 적합한 해결책을 제시하는 데 AI의 탁월한 능력을 사용한 것이다.

AI의 역할이 정밀한 분석과 논리적 해결안을 제시하는 것이라면, 조직 리더의 역할은 문제의 해결 이전에 문제를 발견하고, 조직의 혁신을 끌어내는 것이다. 즉, 리더는 "왜 이 문제가 발생했는가?"를 묻고, "앞으로 어떤 문제가 발생할 수 있을까?"를 예측하는 능력을 키워야 한다는 것이다.

AI가 무서운 속도로 비즈니스의 흐름과 경향을 바꿔 가는 이 시대에, 인간 리더의 역할도 극적으로 변하고 있다. 사실 AI는 인간 리더를 강화하고 임파워(empower) 할 수 있는 강력한 도구다. AI가 데이터 분석, 자동화된 작업, 업무 효율성을 높이는 데 탁월하다면 인간 리더는 이러한 기술을 활용하여 더 인간적인 리더십을 발휘할 수 있도록 한다. 예를 들어, AI는 대규모의 데이터를 분석하여 중요한 리더십의 역량을 식별하고 강화할 수 있으며, 이는 리더들이 자기반성, 공감, 협상 등의 필수적인 리더십 스킬을 개발하는 데 도움을 준다.

AI와 함께 성공적으로 일하는 리더들의 핵심 자질은 리더의 '인식'과 '지혜' 그리고 '공감'이라고 할 수 있다. 이러한 3가지 요소는 리더십의 질을 결정하고, 팀원 간의 관계를 강화하며, 조직의 전반적인 성과에 크게 영향을 미친다.

① **리더의 인식**(awareness)
리더가 자신의 강점과 약점을 인식하고 팀의 역량을 종합적으로 이해하는 것은 필수적이다.

이는 자기의 행동을 되돌아보고, 팀의 성과를 진단하며 개선할 수 있는 기회를 찾는 데 도움을 준다. 특히 다양성이 풍부한 팀에서는 각 구성원의 특성과 장단점을 인지하고 잘 활용하는 것이 중요하다.

- "내 팀의 강점은 무엇이며, 이를 최대한 활용할 수 있는 전략은 무엇일까?"
- "다양한 성격을 가진 팀원들의 특성은 어떻게 이해하고 효과적으로 활용할 수 있을까?"

팀 리더는 매주 팀원들과의 정기적인 면담을 통해 그들의 개인적인 목표와 직무에서 발휘할 수 있는 강점을 파악한다. 이 과정에서 팀원들은 자신의 직무에 대한 확신을 얻고, 팀장은 각자의 강점을 조화롭게 통합하여 프로젝트에 임할 수 있게 된다. 결과적으로 팀의 성과는 이전보다 향상되고, 팀원 간의 유대감도 강해진다.

② **리더의 지혜**(wisdom)

리더가 복잡한 상황에서 올바른 결정을 내리기 위해서는 상황을 판단할 수 있는 지혜가 필요하다.

지혜는 복잡한 상황에서 올바른 결정을 내릴 수 있는 능력이다. 경험과 직관을 바탕으로 하며, AI가 대체할 수 없는 중요한 가치라고 할 수 있다. 이는 단순히 정보를 분석하는 것에 그치지 않고, 다양한 관점을 수용하고 상황을 깊이 이해하여 신중하게 판단하는 역량을 포함한다.

- "어려운 상황에서 올바른 결정을 내리기 위해서는 어떤 정보를 추가적으로 고려해야 할까?"
- "과거의 경험에서 어떤 교훈을 얻었으며, 이를 현재 결정에 어떻게 적용할 수 있을까?"

특히, 기업의 최고경영자라면 시장 변화에 직면했을 때, 데이터를 분석하는 데 그치지 않고, 과거 유사한 상황에서의 성공 사례와 실패 사례를 종합적으로 검토해야 한다. 아울러 구성원들과 함께 새로운 전략을 설정하고, 비전을 공유하여 모든 구성원이 하나의 방향으로 행동할 수 있게 만들어야 한다. 그래야 궁극적으로 시장에서 경쟁력을 되찾을 수 있다.

③ 리더의 공감(compassion)

공감은 팀의 동기부여와 만족도를 높이는 데 중요한 역할을 한다.

공감 능력을 갖춘 리더는 팀원들을 이해하고, 그들의 어려움과 감정을 인지하여 지원하는 역할을 하게 되며 이는 직무 만족도와 동기를 높이는 데 크게 기여한다.

- "팀원이 힘들어하는 순간에 나는 어떻게 그들을 지지할 수 있을까?"
- "어떻게 하면 팀의 분위기를 개선하고 서로 공감할 수 있는 환경을 조성할 수 있을까?"

리더는 팀원이 개인적인 어려움으로 인해 업무에 집중하지 못하는 모습을 볼 수도 있다. 이런 경우, 즉시 팀원과 1:1 면담을 통해 팀원의 상황을 경청하고 해결해 주어야 한다. 필요하다면 업무 부담을 조정하거나 지원을 제공하고, 팀원은 이러한 공감을 통해 큰 위안을 받고 다시 업무에 전념할 수 있게 된다. 결과적으로 팀의 협업과 성과에 긍정적인 영향을 미친다.

리더의 자질로 '인식', '지혜', 그리고 '공감'의 세 요소는 서로 유기적으로 작용한다. 이런 요소들은 팀의 유대감을 강화하고, 복잡한 상황에서 올바른 선택을 할 수 있도록 도와주며, 팀원들이 자신은 존중받고 있다는 감정을 느끼게 한다. 이에 따라 리더는 보다 나은 환경을 조성할 수 있으며, 팀의 동기 부여와 직무 만족도를 높일 수 있다. 따라서 진정한 리더라면 이러한 핵심 자질들을 지속적으로 개발하여 조직의 성과를 증가시키고, 긍정적인 조직문화를 형성하는 데 기여해야 할 것이다.

참고로 팀 리더에게 대인관계 스킬과 더불어 AI를 효과적으로 사용하기 위해서 도메인 전문 지식과 같은 스킬들도 중요하다고 할 수 있다. 대인관계 스킬(interpersonal skills)은 팀원들과의 의미 있는 상호작용과 팀 협력을 위한 능력으로 팀의 유대감과 생산성을 높이는 데 효과적인 커뮤니케이션이다. 도메인 전문 지식(domain expertise)은 AI 도구를 사용하여 최상의 결정을 내리기 위한 해당 분야의 전문 지식으로 AI의 결과를 해석하고, 올바른 결정을 내리는 데 반드시 필수적이다.

사실 AI는 많은 이점들을 제공하기도 하지만, 팀과 리더에게 많은 한계와 위험을 내포한다고도 할 수 있다.

▎신뢰 문제(trust problem)

거짓 정보, 안전 및 보안, 블랙박스, 편향, 불안정성 등의 문제다. 따라서 이러한 문제를 해결하기 위해서는 리더가 직접 AI 도구를 철저히 관리하고, 교육해야 한다.

▎적용 범위

AI는 일부 작업에서는 매우 효율적이지만, 다른 작업에서는 해결할 수 없는 한계가 있다. 즉, 일부 작업은 AI의 현재 능력 범위를 초과할 수 있으므로, 이러한 경우에는 리더와 팀원의 적극적 참여가 중요할 수 있다.

AI 시대에 팀 리더의 역할은 이전과 확연히 다르게 변모할 것이다. AI의 이점을 활용하여 더 인간적인 리더십을 발휘하고, 핵심 자질을 발전시키며, 효율적인 협업을 위한 스킬을 개발해야 한다.

■ 리더의 통찰과 문제의 발견 ■

IBM Watson Health는 건강관리 분야에 AI를 활용한 대표적인 사례 중 하나다. IBM Watson은 암 센터와의 협력을 통해 방대한 양의 의학 문헌과 환자 데이터를 처리하여 암 진단과 치료를 대폭 개선했다.

Watson은 자연어 처리(NLP)방식으로 임상 기록과 연구 논문의 관련 정보를 추출하여 의사결정에 도움을 주었다. 기계 학습 알고리즘을 활용하여 환자 데이터를 분석해 패턴을 식별함으로써 개인화된 치료 프로토콜을 제안했다. 이로 인해 진단 시간을 몇 주에서 몇 시간으로 단축했고, 암 유형 식별과 개인화된 치료 추천의 정확성을 높였다. 분명 AI는 데이터를 기반으로 현재의 문제를 해결하는 데 뛰어난 능력을 보여주고 있다. 그러나 발생하지 않은 문제를 예측하거나 새로운 기회를 발견하는 것은 여전히 인간 리더의 능력에 달려 있다.

IBM의 리더들은 "현재의 데이터가 말해주지 않는 것은 무엇인가?"와 같은 질문을 던지며, AI가 아직 식별하지 못한 문제나 기회를 발견하는 데 주력하고 있다. AI를 데이터 분석과 문제 해결 도구로 사용함과 동시에, AI를 통해 새로운 문제를 찾아내고 해결책을 제시하는 방식으로 접근하고 있는 것이다.

JP모건 체이스는 다양한 금융 서비스와 제품을 제공하는 미국의 대표적인 글로벌 금융 서비스 회사이다. 이 회사는 AI를 활용하여 위험 관리와 사기 탐지 프로세스를 강화하고 있다. 특히, JP모건 체이스가 개발한 AI 기반의 계약 분석 플랫폼 COiN(Contract Intelligence)은 주로 계약서 분석 및 관리 업무를 자동화하는 데 사용된다. 이 플랫폼은 계약서에서 중요한 데이터를 추출하고, 이를 분석하여 법적 요구사항을 충족하는지 확인하는 데 도움을 준다.

COiN의 주요 특징은 AI 및 머신 러닝 기술을 활용하여 계약서에 포함된 정보(조항, 조건, 날짜 등) 등 주요 요소를 빠르게 분석하고 필요한 정보를 추출하는 작업을 자동화한다. 전통적인 방법으로 수천, 수만 개의 계약서를 처리하는 경우 시간이 오래 걸리고 오류가 발생할 수 있다. 하지만 COiN은 계약서의 내용은 신속하고 정확하게 분석하여 중요한 조항을 추출하고, 계약이 회사 정책 및 법적 요구사항에 부합하는지 점검한다. 특히, COiN 플랫폼은 기계 학습을 통해 법적 문서를 검토하고 핵심 데이터를 추출하는 데 효과적으로 사용되며, 수천 개의 법률 문서를 파싱하여 중요한 정보를 식별하고 분류한다.

머신러닝을 통해 문서 검토 시간을 360,000시간에서 단 몇 초로 단축하고, 사기가 의심되는 비정상적인 거래 패턴을 탐지함으로써 사기 탐지의 정확성을 높여 금융 손실을 대폭 줄였다. 궁극적으로 COiN플랫폼은 AI 및 머신 러닝 기술을 활용하여 문제 해결을 넘어, 법적 문제들을 미리 발견하고 예방하는 금융 파트너로 자리 잡은 것이다.

제조업에서는 독일의 지멘스가 AI를 통해 제조 공정을 최적화하고 AI와 생산 라인을 통합함으로써 효율성과 비용 절감에서 상당한 개선을 달성했다. 예측 유지보수에 AI 모델을 활용해 장비 고장이 발생하기 전에 예방적 유지보수를 가능하게 했다. 공정 최적화에 의한 기계 학습 알고리즘은 생산 데이터를 분석하여 비효율성을 식별하고 공정 개선을 추천함으로써 계획되지 않은 정지를 대폭 줄이고, 생산 효율성을 향상했다.

소매 산업 분야에서도 AI는 재고 관리와 예측에 특별한 능력을 보여주었다. 미국의 아마존은 소매업에 AI를 활용한 대표적인 사례로 공급망 최적화 알고리즘을 통해 재고 관리를 최적화했다. 즉, AI

모델로 제품 수요를 예측하여 재고 수준을 최적화해 과다 재고와 재고 부족을 줄인 것이다.

■ 문제 발견을 위한 리더의 자세와 AI를 활용한 성과 창출 ■

팀 리더가 AI를 활용하여 문제를 발견하는 능력을 키우기 위해서는 몇 가지 중요한 자세가 필요하다.

- 데이터 해석의 비판적 사고다. AI가 제공하는 데이터는 문제 해결에 유용한 도구이지만, 데이터에 숨겨진 의미를 발견하는 것은 온전히 팀 리더의 역할이다. 리더는 AI의 분석 결과를 비판적으로 검토하고, 그 데이터를 통해 드러나지 않은 문제나 기회를 찾아내야 한다. AI는 고객 데이터를 분석하여 마케팅 전략을 세우고, 리더는 고객의 미세한 행동 변화를 감지하고, 이를 바탕으로 새로운 세일즈 기회를 포착해야 한다.

- 팀원들의 직관과 경험을 중요한 자산으로 여기는 태도다. 리더는 팀원들에게 "이 문제를 어떻게 해결할 수 있을까?"와 같은 직접적인 질

문보다는 "이 문제 뒤에 숨겨진 더 큰 이슈는 무엇일까?"라는 직관과 경험에 관한 질문을 수시로 던져야 한다. 최고의 성과를 내는 구글의 리더들은 프로젝트에서 데이터를 기반으로 문제를 해결하는 동시에, 팀원들이 직관적으로 느끼는 문제를 함께 탐색하고 탐구함으로써 혁신적인 아이디어를 지속적으로 끌어내고 있다.

- **탁월한 리더는 AI가 제시하는 결과에 "다음에 어떤 문제가 발생할 수 있을까?"와 같은 예측 질문을 던져야 한다.** 이러한 질문은 리더가 새로운 기회를 탐색하고, 예상치 못한 문제를 미리 발견할 수 있게 도와준다. 마이크로소프트사의 리더들은 AI를 통해 제품 개발 과정에서 발생할 수 있는 문제를 예측하기도 하지만, 언제나 **"우리가 놓치고 있는 것은 무엇인가?"**라는 질문을 지속적으로 던짐으로써 문제의 발견에 집중하고 있다.

거듭 강조하지만, 문제를 해결하는 능력만으로는 조직의 지속적인 성과를 보장할 수 없다. 문제를 미리 발견하고, 이를 해결할 준비가 된 리더십이야말로 진정한 혁신과 성과 창출의 핵심이라고 할 수 있다. AI가 도입된 조직에서도 리더는 문제 해결에만 그치지 않고, 문제 발견을 통해 더 나은 성과를 창출할 기회를 찾아야 하는 것이다.

애플의 최고경영자 팀쿡(Tim Cook)은 AI가 제품 개발 과정에서 많은 문제를 해결하는 데 기여했지만, 더 중요한 것은 새로운 기회를 발견하고 그 기회를 극대화하는 것이라고 강조했다. 팀쿡은 문제 발견의 중요성을 강조하며 AI는 현재의 문제를 해결하는 도구로 사용하되, 팀 리더는 미래의 문제를 예측하고 대비할 수 있는 능력을 갖춰야 한다고 주장했다.

AI가 일정 부분 문제 해결을 할 수는 있지만, 문제를 발견하는 능력은 여전히 인간 리더의 창의적이고 비판적인 사고에 달려 있다고 할 수 있다.

07

창의적 사고와 혁신의 시작, 질문의 힘

리더가 가져야 할 중요한 역량 중 하나는 팀원들의 창의적 사고를 자극하고 조직의 혁신을 촉진하는 것이다. 이를 위한 핵심 도구가 바로 '질문'이다. 질문은 기존의 사고 패턴에서 벗어나 새로운 아이디어를 탐색하고 탐구하도록 유도하며, 팀의 성과와 혁신을 촉진하는 촉매제가 되는 것이다.

■ 질문이 창의적 사고를 자극하는 이유 ■

질문은 새로운 관점에서 문제를 바라보도록 돕는 중요한 도구라고 할 수 있다. 심리학자 에드워드 드 보노는 그의 저서 『수평적 사고』에서 창의적 사고를 촉진하는 핵심 방법의 하나로 '질문'을 강조하였다. 그는 창의성을 키우기 위해 전통적인 직선적 사고방식에서 벗어나, 새로운 아이디어와 해결책을 찾는 기술을 이 책에서 제안했다.

수평적 사고는 문제를 다루는 방식을 바꾸어 새로운 관점에서 접근하도록 한다. 이는 기존의 사고방식이나 패턴을 깨는 것에서 시작하며 이를 통해 새로운 관점을 확보하고, 혁신적인 아이디어를 창출하는 데 도움을 줄 수 있다. 드 보노는 여러 기법과 도구를 소개했는데 예를 들어, 특정 문제를 다룰 때 일반적으로 사용하는 방법이 아닌, 다른 분야에서의 접근법을 대입하거나 전혀 다른 문제를 연관 지어 생각해 보는 방식이다.

문제 해결을 위한 질문은 문제의 본질을 이해하고 새로운 해법을 찾는 데 도움을 준다. 문제의 해답을 찾아가는 과정에서 사고의 경계를 넓히고, 기존의 틀을 넘어 새로운 가능성을 발견하게 되는 중요한 역할을 한다. 단순한 정보 수집을 넘어 질문을 통해 팀원들은 문제를 더 깊이 탐구하고, 창의적 해결책을 모색할 기회를 얻게 되는 것이다.

질문을 통한 창의적 사고의 대표적인 사례로는 테슬라 창업주 일론 머스크가 이끄는 '스페이스X'를 들 수 있다. 머스크는 스페이스X에서 **"왜 로켓을 한 번만 사용할까?"** 라는 질문을 던져 기존 우주 산업의 상식을 깨뜨렸다. 이러한 질문은 수십 년간 지속되어 온 우주 산업의 고정관념에서 탈피해 재사용이 가능한 로켓 개발로 이어졌다. 일론 머스크의 질문이 스페이스X가 우주 산업에서 혁신을 주도하게 만든 결정적 계기가 되었다.

넷플릭스 역시 질문을 통한 창의와 혁신의 좋은 사례다. 넷플릭스는 초기 DVD 대여 서비스로 시작했지만 **"미래의 엔터테인먼트는 과연 무엇일까?"** 라는 질문을 던짐으로써 혁신적인 서비스를 만들어 낼 수 있었다. 이 질문을 통해 넷플릭스는 스트리밍 서비스로 빠르게 전환하였고, 오늘날 글로벌 엔터테인먼트 산업에서 선도적인 역할을 하게 되었다. 넷플릭스의 CEO 리드 헤이스팅스는 질문을 통해 끊임없이 변화하는 소비자의 욕구에 대응할 수 있었다고 말하며, **'질문의 힘'** 을 재차 강조하였다.

구글은 '혁신의 조직 문화'를 유지하기 위해 질문을 통한 토론을 장려하는 것으로 유명하다. 구글의 리더들은 평소 회의 때마다 "**어떻게 하면 더 나은 서비스를 제공할 수 있을까?**"라는 열린 질문을 던지며, 직원들이 자발적으로 문제를 해결하고, 새로운 아이디어를 제안할 수 있도록 유도한다.

구글의 이러한 질문 중심의 문화를 통해 끊임없는 혁신을 유지해왔으며, 이는 세계에서 가장 혁신적인 기업 중 하나로 자리 잡는 데 중요한 역할을 하게 하였다.

■ 창의적 사고를 위한 대표적 질문 유형 3가지 ■

모든 질문이 구성원들의 창의적 사고를 자극하는 것은 아니다. 따라서 팀 리더는 적절한 유형의 질문들을 사전에 깊게 고민하여 팀원들이 좀 더 사고할 수 있도록 유도해야 한다. 『수평적 사고』의 저자 에드워드 드 보노 교수가 제안한 창의적 사고를 위한 대표적 질문의 유형 3가지는 아래와 같다.

1. 열린 질문(open question)
열린 질문은 대화나 교육에서 중요한 역할을 하는 질문 유형으로, 상대방이 자기 생각과 의견을 자유롭게 표현할 수 있도록 유도한다. 기본적으로 "예" 또는 "아니오"로 대답할 수 있는 폐쇄형 질문과 달리, 열린 질문은 응답자가 자세하게 설명할 수 있는 가능성을 제공한다.

열린 질문은 대화의 흐름을 자연스럽게 이어주어 상대방의 생각이나 경험에 대해 깊이 있는 이해를 가능하게 한다. 팀의 성과적인 맥락에서 열린 질문은 매우 유용하다. 예를 들어, 팀 리더가 구성원들에게 **"이 문제를 해결하는 방식에 대해 어떻게 생각하나요?"**라고 질문하면, 구성원은 문제 해결 방식에 대한 자신의 논리를 생각해 보고 이야기할 수 있다. 이 과정에서 구성원은 비판적 사고를 발전시키고, 자신감을 느끼게 되며, 팀 리더는 구성원의 이해도를 더욱 깊이 있게 파악할 수 있다.

의사소통에서도 열린 질문은 매우 중요하다. "당신이 가장 좋아하는 취미는 무엇인가요?" 같은 질문은 응답자가 자신의 취미를 구체적으로 이야기하도록 유도할 수 있다.

의료 전문가나 상담자는 환자에게 "현재 건강에 대해 어떻게 느끼고 있나요?"라는 질문을 통해 환자의 상태에 대한 더 많은 정보를 얻고, 보다 효과적인 치료 방법을 찾아갈 수 있다. 이런 상호작용은 환자가 자신의 상태를 말할 수 있는 기회를 제공하고, 치료 과정에 적극적으로 참여하도록 도와준다.

결론적으로, 열린 질문은 상대방의 의견 또는 감정을 탐색하는 데 있어 강력한 도구이며, 대화의 질을 높이고, 깊이 있는 소통을 끌어내는 데 매우 효과적이다. 이러한 질문을 통해 우리는 더 다채롭고 의미 있는 대화를 나눌 수 있다. 팀 리더가 답이 정해지지 않은 질문을 통해 팀원들이 다양한 의견을 자유롭게 표현할 수 있도록 유도하면 팀원들은 창의적인 해결책을 고민하고 새로운 대안들을 제시할 기회를 가질 수 있다.

▌열린 질문의 예 ①
- "이 문제를 해결하기 위해 우리가 시도할 수 있는 다른 방법은 무엇일까?"

이 질문은 팀원들에게 여러 가지 해결 방안을 탐구할 기회를 제공한다. 제시된 방법이 하나일 수 있지만, 열린 질문을 던짐으로써 팀원들은 기존의 방안보다 더 다양한 해결책을 제시할 수 있다.

▮ 열린 질문의 예 ②

• "우리가 이 프로젝트에 성공하기 위해 어떤 전략을 취할 수 있을까?"

이 질문은 팀원들이 각자 다른 전략을 제시하도록 유도하여, 다양한 의견과 창의적인 해결책을 찾을 수 있게 한다. 팀 내에서 열린 토론을 촉진하고, 새로운 아이디어가 자연스럽게 나오게 하는 환경이 조성된다.

▮ 열린 질문의 예 ③

• "우리의 목표를 달성하기 위해 가장 중요한 가치는 무엇일까?"

이 질문은 팀원들이 각자 중요하게 생각하는 가치에 대해 생각하고 논의할 수 있게 해준다. 각자의 가치관이 목표 달성에 어떤 영향을 미칠지에 대해 서로 다른 관점을 공유하면서, 팀워크를 강화하고 목표 달성에 대한 방향성을 설정할 수 있다.

2. 탐구적 질문(probing question)

탐구적 질문은 깊이 있는 정보를 끌어내기 위해 사용되는 질문이다.

이러한 질문은 주로 특정 주제에 대해 더 많은 설명이나 자세한 정보를 제공하도록 유도하는 데 목적이 있다. 즉, 기본적인 응답에 그치지 않고, 구성원의 생각이나 의견의 배경을 파악하기 위한 추가적인 질문으로 이해할 수 있다.

탐구적 질문은 이미 주어진 정보나 답에 대해 더 깊이 파고들고, 그 근거를 살펴보는 질문이다. 이 유형의 질문은 팀원들에게 기존의 해답에 대해 재검토하고, 더 깊은 통찰을 얻을 수 있는 기회를 제공하며, 비판적 사고를 촉진한다. 즉, 탐구적 질문을 던짐으로써 더 나은 결정을 내리고, 실수나 오류를 예방할 수 있는 것이다.

이 질문은 여러 형태로 나타날 수 있다. 예를 들어, **"왜 그렇게 생각하시나요?"** 라는 질문은 응답자가 자기 생각의 근거를 설명하도록 만드는 질문이다. 이는 상대방의 사고 과정에 대한 깊은 통찰을 요구하며, 결과적으로 대화의 질을 향상하는 역할을 한다. 또한 개방형 질문의 형태로 나타나, 응답자가 답변할 수 있는 여지를 넓혀준다.

이러한 질문은 교육적 환경에서 특히 유용하게 활용할 수 있다. 교사는 탐구적 질문을 사용하여 학생의 이해도를 높이고, 학생은 생각의 범위를 넓히고 세밀하게 정리할 수 있도록 돕는다. 이 과정에서 학생은 단순히 정답을 찾는 것을 넘어 자기 생각을 깊이 있게 탐구하고, 다양한 관점에서 비판적으로 사고하는 능력을 키우게 된다.

조직의 문제 해결 과정에서도 탐구적 질문은 중요한 역할을 한다. 효과적인 문제 정의를 위해서는 여러 가지 관점에서 질문을 던지고, 이를 통해 여러 정보와 아이디어를 수집하는 것이 필수적이다. 이러한 과정은 조직 구성원들이 자신들의 입장만을 고집하지 않고, 더 넓은 시각에서 문제를 바라보도록 돕는다.

결론적으로, 탐구적 질문은 단순한 정보의 획득을 넘어, 사고하는 과정을 풍부하게 하고, 협력적이고 창의적인 문제 해결을 도모하는 데 필수적인 도구로 사용된다. 이를 통해 보다 깊이 있는 이해와 사회적 상호작용이 이루어진다.

▎탐구적 질문의 예 ①
- "이 해결책이 우리가 기대하는 결과를 얻기 위해 가장 적합한 방법일까?"

이 질문은 기존의 해결책에 대해 다시 점검해 볼 기회를 제공한다. 질문을 통해 팀원들은 문제 해결 방법에 대한 근거를 명확히 하고, 그 방법이 가장 효과적인지, 다른 방법에 비해 어떤 장점이 있는지에 대해 논의하게 되는 것이다.

┃탐구적 질문의 예 ②
- "이 아이디어가 실패할 가능성은 무엇이며, 이를 어떻게 예방할 수 있을까?"

이 질문은 팀원들이 이미 제시한 아이디어나 계획을 더 깊이 분석하도록 유도한다. 아이디어나 해결책의 잠재적인 단점을 발견하고, 이를 해결할 방법을 찾아내는 과정은 프로젝트의 성공 가능성을 높이는 데 이바지할 수 있다.

┃탐구적 질문의 예 ③
- "이 문제를 해결한 후, 발생할 부작용이나 장기적인 영향은 무엇일까?"

이 질문은 해결책의 장기적인 결과에 대해 생각하게 만든다. 팀원들은 즉각적인 해결뿐만 아니라, 그로 인한 후속 문제나 결과를 예측하고 준비할 수 있게 된다.

탐구적 질문은 우리가 단기적인 성과에만 집중하는 것을 방지하고, 장기적인 관점에서 효과적인 결정을 내리도록 돕는 것이다.

3. 가정적 질문(hypothetical question)

가정적 질문은 특정 상황이나 조건을 설정하고, 이에 대한 응답자의 생각이나 반응을 끌어내기 위한 질문이다. 이러한 질문은 주로 "만약 ~라면?"이라는 형태로 나타나며, 실제로 발생하지 않은 상황을 가정하면서 응답자가 그 상황을 분석하고 자신의 가치관이나 신념을 탐구하게 만드는 데 매우 유용하다.

가정적 질문은 대화를 풍부하고 심도 있게 만들어 주는 유용한 도구이다. 가정적 질문은 '만약'이라는 가정의 상황을 설정하고, 그에 따른 결과나 방법을 상상하게 하는 질문이다. 이런 질문을 통해 우리는 상대의 생각을 더 잘 이해하고, 다양한 주제에 대해 보다 의미 있는 토론을 나누는 기회를 가질 수 있다.

가정적 질문은 여러 맥락에서 유용하게 활용될 수 있다. 교육 환경에서 교사가 "만약 당신이 이 나라의 지도자가 된다면, 어떤 정책을 시행하고 싶나요?"라고 질문하면, 학생들은 자기의 의견이나 생각을 명확하게 표현하면서 동시에 다양한 사회적 문제에 대해 고민하게 된다. 이는 학생들에게 비판적 사고를 자극하고, 다양한 사회적 상황에 대한 이해도를 높이는 데 도움이 된다.

가령, "만약 당신에게 한 달의 자유 시간이 주어진다면, 무엇을 하고 싶나요?"라는 질문을 던진다면, 상대방은 일상에서 느끼는 스트레스나 원하는 활동, 그리고 그동안 미뤄왔던 일들에 대해 깊이 있게 생각해 볼 기회를 가지게 된다. 이러한 질문은 대화의 흥미를 높이고, 상대방의 진솔한 생각이나 감정을 표현하도록 유도한다.

조직 내에서 팀원 간의 의사소통에서도 가정적 질문은 중요한 역할을 한다. "만약 우리 팀에게 예산이 두 배로 늘어난다면, 어떤 프로젝트에 투자하고 싶나요?"라는 질문은 팀원들이 자유롭게 상상하고 창의적인 아이디어를 공유하도록 유도한다. 이 과정에서 팀의 목표나 비전도 명확해지고, 팀원들이 협력하여 더 효과적인 전략을 세우는 데 기여할 수 있다.

결론적으로 가정적 질문을 효과적으로 활용하면, 우리의 대화는 더욱 깊고 흥미로운 방향으로 나아갈 수 있다. 이는 팀원들이 현재의 제한된 자원이나 상황을 넘어서는 방식으로 사고하도록 유도하여, 창의적인 문제 해결을 돕는 데 유용하다. 가정적 질문은 종종 기존의 제약을 벗어나 새로운 아이디어나 접근 방식을 모색하게 만든다.

▮ 가정적 질문의 예 ①
- "만약 예산의 제한이 없다면, 우리는 이 문제를 어떻게 해결할 수 있을까?"

이 질문은 제한된 예산이라는 현실적인 제약을 넘어서, 자유롭게 문제를 해결할 수 있는 방법을 생각하게 만든다. 팀원들은 자원의 제약을 벗어나 다양한 상상력과 창의력을 발휘할 수 있고, 그 과정에서 현실적으로 적용할 수 있는 해결책을 도출할 수도 있다.

▮ 가정적 질문의 예 ②
- "만약 우리가 이 프로젝트를 더 빠르게 끝내야 한다면, 어떤 방법을 취할 수 있을까?"

이 질문은 시간적인 제약이 있을 경우 효율성있는 방안을 생각하게 한다. 가정적 질문을 통해 팀원들은 제한된 시간 내에 최적의 결과를 낼 수 있는 방법에 대해 창의적으로 접근할 수 있다.

┃가정적 질문의 예 ③
- "만약 우리가 기존의 모든 규칙을 깨고 새롭게 시작한다면, 어떻게 일을 처리할 수 있을까?"

이 질문은 팀원들이 기존의 규칙과 절차에 얽매이지 않고, 더 나은 방법을 모색할 기회를 제공하며 이는 혁신적 사고를 촉진하고, 새로운 가능성을 열어줄 수 있다.

창의적 사고를 위한 3가지 유형의 질문은 팀원들의 사고를 자극하고, 더 나은 결과를 도출하기 위한 핵심 도구가 될 것이다. 즉, 열린 질문은 다양한 의견을 끌어내고, 탐구적 질문은 주어진 정보를 더 깊이 분석할 수 있게 도와주며, 가정적 질문은 창의적인 사고를 유도하고, 제약을 넘어서는 접근법을 찾아내게 할 것이다.

■ 팀 성과를 극대화하는 리더의 질문 ■

리더의 질문은 궁극적으로 팀의 성과를 극대화하는 중요한 요소이다. 팀원들이 질문을 통해 기존의 문제를 새로운 관점으로 탐색하고 더 창의적으로 해결할 수 있기 때문이다.

질문리더십은 조직 내에서의 대화 방식과 사고 프로세스를 혁신적으로 변화시키는 요소로서 다음과 같은 작용을 한다.

첫째, 질문리더십은 질문을 통해 팀원들과의 소통을 활성화한다.

리더가 질문을 던짐으로써 팀원들은 스스로 문제를 인식하고 해결책을 모색하는 과정을 거친다. 이러한 과정은 조직의 문제 해결 능력을 높이고, 각 개인의 창의적인 사고를 자극하는 데 큰 도움이 된다.

둘째, 질문리더십은 팀 내의 신뢰와 협력적인 문화를 증진한다.

팀원들은 자유롭게 의견을 나누고 질문을 할 수 있는 환경에서 더욱 적극적으로 참여하게 되며, 이는 조직의 혁신적인 아이디어 개발로 이어진다. 서로의 관점을 존중하며 대화가 진행되기 때문에, 직원들은 자신의 의견이 가치 있게 여겨진다고 느끼게 된다.

셋째, 질문리더십은 적응력과 유연성을 향상하는 데에도 기여한다.

시장 환경과 기술이 급변하는 현대 비즈니스 세계에서, 조직은 지속적으로 변화에 대응하고 혁신해야 한다. 리더가 핵심 질문들을 제기하고 팀원들이 그에 대한 답을 찾아가는 과정은 조직 전체가 스스로를 돌아보고 적시에 적절한 결정을 내릴 수 있도록 돕는다.

결론적으로, 질문 기반 리더십은 단순히 질문을 던지는 것이 아니라, 팀원들이 주체적으로 참여하고 창의적인 해결책을 자극함으로써 기업의 혁신을 이끄는 강력한 도구로 자리 잡고 있다. 이러한 접근 방식은 기업이 경쟁력을 유지하고 발전시키는 데 필수적인 요소라고 할 수 있다.

미 유명 컨설팅사 M사는 여러 조직의 사례를 수집하여, 질문리더십이 팀 성과에 미치는 효과를 분석한 결과, 질문이 팀 내 소통과 협업을 촉진하여 조직의 성과를 높인 것으로 나타났다. 특히, 상황에 맞는 리더의 질문은 팀원들이 문제를 인식하고 해결 방안을 모색하도록 유도하는 데 큰 도움이 되었다고 주장하였다.

예를 들어, 단순한 사실 확인이 아닌, "이 문제를 해결하기 위해 어떤 새로운 접근 방식이 가능할까?"와 같은 질문은 팀원들에게 창의적인 사고를 자극하고, 더 깊이 있는 논의를 끌어낼 수 있었다는 것이다.

리더가 개방적이고 호기심 어린 질문을 할 경우, 팀원들은 자기의 생각을 자유롭게 표현할 수 있는 분위기를 느끼게 된다. 이러한 분위기는 협업을 강화하는 데 큰 도움이 되고 팀원들이 실패를 두려워하지 않고 새로운 아이디어를 실험해 볼 수 있는 환경을 만들어 준다.

리더의 질문은 팀의 목표 설정 및 문제 해결 과정에서도 중요한 역할을 한다. 리더가 "이 목표를 달성하기 위해 우리는 무엇을 최우선 과제로 삼아야 하는가?"와 같은 질문을 던질 때, 팀원들은 각자의 역할과 책임을 명확히 이해하고, 목표 달성을 위한 구체적인 실행 방안과 체계적인 목표 설정을 모색할 수 있다.

정리하면, 팀의 성과를 극대화하기 위해서는 질문 중심의 리더십이 리더에게 필수라고 할 수 있다. 리더의 질문은 단순한 의사소통의 수단을 넘어, 팀원들의 참여를 유도하고 혁신을 촉진하는 강력한 도구라고 할 수 있다. 따라서, 리더들이 질문에 대한 전략적 접근 방식을 학습하고 훈련하는 것이야말로 팀의 동기부여와 성과 향상에 기여할 수 있다는 점을 반드시 인식해야 할 것이다.

3부

질문리더십의 본질적 가치

질문하는 리더가
조직을 성장시킨다

AI 시대에 리더는 팀원들의 잠재력을 끌어내는 것이 가장 중요한 역할 중 하나이다. 단순히 지시를 내리는 리더십을 넘어, 질문을 통해 팀원이 자신의 역량을 최대한 발휘할 수 있도록 그들의 잠재력을 발견하고 개발하는 리더십이 필요한 것이다.

8장에서는 리더의 질문을 통한 팀원의 성장과 개발에 대해 살펴보고, 실제 사례와 연구 결과를 바탕으로 그 효과를 구체적으로 알아보자.

■ 팀원의 잠재력 개발 ■

질문은 단순한 문제 해결을 넘어서, 팀원들이 스스로 사고하고 자신의 역량을 더 깊이 있게 개발하도록 돕는 핵심적인 리더십 스킬이라고 할 수 있다.

전문가들의 연구에 따르면, 리더가 질문을 통해 팀원들에게 자율성을 부여할 경우, 팀원의 직무 몰입도가 증가하며, 성과 역시 향상하였다고 한다. 즉, 리더의 질문이 팀의 동기, 협업 및 성과를 긍정적으로 강화하는 것이다.

질문리더십은 팀 내 심리적 안전감을 증가시키며 팀원들이 부담 없이 질문에 대한 답변을 제공하는 환경을 조성한다. 실패를 두려워하지 않는 환경이 조성됨으로써 팀워크를 강화하고 실수로부터 배우는 문화를 만들어 결과적으로 조직의 성과를 높이는 데 기여하게 되는 것이다.

"어떤 해결책이 가장 효과적일까?"와 같은 질문은 팀원들이 스스로 문제를 해결하도록 격려하며, 이는 팀의 동기부여와 성과에 긍정적인 영향을 미친다.

질문을 통한 피드백 문화는 팀의 장기적인 개선을 촉진하며 목표 달성 후에도 **"어떻게 하면 더 나은 결과를 얻을 수 있을까?"** 와 같은 질문을 던져 학습과 성장의 기회를 지속적으로 제공한다. 열린 질문이 팀원들의 창의적 사고를 자극하고, 스스로 목표를 설정하는 데 큰 역할을 하는 것이다.

리더는 질문이 팀의 동기와 성과를 향상하는 데 필수적인 도구라는 점을 인식하고 이를 실천하는 것이 현대의 비즈니스 환경에서 필수적이다. 따라서 질문을 통해 팀의 성과와 혁신을 극대화할 수 있는 전략과 방법 등 리더십에 대한 새로운 시각이 필요하다.

IBM은 '리더십 훈련 프로그램'에서 질문리더십을 강조하며, 팀원들에게 피드백을 제공할 때도 질문을 활용하는 문화를 조성했다. IBM의 리더들은 성과 평가 시 **"어떤 부분을 더 잘할 수 있을까요?"** 와 같은 질문을 통해 팀원들이 스스로 성찰하고 개선할 기회를 제공했다. 리더의 질문을 활용한 접근 방식이 팀원들의 자기 계발을 촉진하며 성과 평가의 질도 개선하였는데, 주요 내용은 다음과 같이 요약할 수 있다.

- **질문의 역할**

    리더가 던지는 질문은 직원들에게 자기 성찰의 기회를 제공한다. 가령, **"현재 맡고 있는 프로젝트에서 어떤 부분이 가장 도전적이라고 생각하나요?"** 라는 질문은 직원들이 자신의 업무를 분석하고 발전 방향을 모색하도록 돕는다.

- **피드백의 중요성**

    질문을 통한 피드백은 직원들의 성장 경로에 필수적이다. 연구에 따르면 효과적인 피드백을 제공하는 질문은 직원들이 자신의 강점과 약점을 더 명확하게 파악하고, 맞춤형 교육 기회를 찾는 데 도움을 준다.

- **심리적 안전감**

    질문 기반의 소통은 직원들에게 심리적인 안정감을 부여한다. 직원들이 질문을 받아들이고, 자신의 의견을 제시할 수 있는 환경이 조성되면, 팀워크와 협업이 강화하고 직원들의 몰입도도 높아지는 결과를 가져온다.

- **조직의 성장 문화**

    IBM에서 질문을 활용한 방법은 단순히 개인의 성장에 그치지 않고, 전체 조직 문화에 긍정적인 영향을 주었다. 질문이 중요한 커뮤니케이션 전략으로 자리 잡으면서, 이는 기업 내에서 협력과 혁신을 촉진하는 문화를 형성하는 데 기여하게 되는 것이다.

- **지속적인 학습**

    연구는 질문을 통한 지속적인 학습의 중요성도 강조한다. 직원들이 서로에게 질문을 던지고 경험을 공유하는 과정은 개인과 팀 모두의 성장을 이루어내는 메커니즘으로 작용하게 된다.

리더의 질문을 효과적으로 활용하면 구성원들의 성장과 경력 개발을 촉진하고, 직원의 잠재력을 최대한 끌어낼 수 있다. 질문을 통해 서로 소통하고 협력하는 문화가 조성되면, 이는 조직 전반의 성장 및 혁신으로 이어질 수 있음을 IBM의 사례가 보여주고 있다.

스타벅스는 질문 중심의 피드백 시스템으로 직원들의 서비스 질이 향상되었고, 고객 만족도 또한 크게 상승했음을 밝혔다. 피드백과 질문이 스타벅스의 서비스 우수성을 어떻게 끌어내었는지 주요 내용들은 다음과 같다.

- **피드백의 중요성**

  스타벅스는 직원들에게 정기적으로 피드백을 제공하여 그들의 업무를 개선할 수 있는 기회를 제공하였다. 피드백은 그들의 업무 평가가 아닌 직원들이 자신의 강점과 약점을 이해하고, 지속적으로 성장할 수 있는 가이드 역할을 했다.

- **질문의 역할**

  직원들 사이에서 활성화된 소통의 도구로 질문을 사용했으며, 고객과의 상호작용에서도 매우 중요한 역할을 했다. **"어떤 음료를 찾고 계신가요?"** 와 같은 질문은 고객의 필요를 이해하고, 맞춤형 서비스를 제공하는 데 도움을 주었다.

- **서비스 품질의 향상**

  직원들은 피드백과 질문을 통해 서로의 경험을 공유하고, 문제가 발생했을 때 해결하는 과정은 서비스 품질을 높이는 데 크게 기여했다.

이를 통해 고객과의 개별적인 상호작용이 개선되고, 고객 만족도가 증가하게 되었다.

• **문화의 형성**

스타벅스는 '피드백과 질문을 통한 지속적인 학습' 문화를 강화해 직원들이 자신의 견해를 자유롭게 말할 수 있는 환경을 조성했다. 그럼으로써 팀워크가 강화되고, 이는 전반적인 서비스 품질에 향상으로 이어졌다.

• **고객 경험의 향상**

피드백과 질문은 고객 경험에 긍정적인 영향을 주었다. 고객의 요구와 피드백을 경청하고 반영함으로써, 스타벅스는 보다 나은 맞춤형 서비스를 제공하고, 고객의 로열티를 확보할 수 있게 되었다.

스타벅스 사례에서 보았듯이 피드백과 질문이 커뮤니케이션 도구 이상의 역할을 수행하며, 서비스의 질을 높이고 기업 문화를 강화하는 데 큰 역할을 한 것이다.

마이크로소프트사는 팀원들의 성과를 극대화하기 위해 질문 중심의 리더십을 적극 도입하였다. 마이크로소프트사의 리더들은 "**이 문제를 해결하기 위해 어떤 새로운 아이디어가 있을까?**"와 같은 질문을 통해 팀원들이 스스로 생각하도록 자극했다. 또한 내부적으로 '성장 마인드 셋'을 강조하며 팀원들이 자발적으로 문제 해결에 참여하도록 유도하는 방안을 도입하였다.

이 질문을 통해 팀원들은 더 깊이 사고하고, 문제 해결 과정에서 새로운 접근 방식을 도출할 수 있었다. 그 결과, 팀원들의 성과도 긍정적으로 향상했으며 팀의 전반적인 만족도에 긍정적인 영향을 미쳤다. 직원들이 자율적으로 문제를 해결하는 과정에서 리더가 효과적으로 질문을 던지는 것이 전반적인 조직 효율성을 높이는 데 기여한 것이다.

■ 팀원의 자율성과 책임감 강화 ■

리더가 던지는 질문은 팀원들의 자율성을 강화하는 데도 큰 도움이 된다. 질문을 통해 팀원들은 스스로 문제를 분석하고 해결책을 찾는 경험을 하게 되고 이러한 과정을 통해 자신이 조직의 중요한 구성원이라는 자부심을 느끼며 된다. 결과적으로 자율적인 결정을 내릴 수 있는 능력을 기르게 되는 것이다.

질문을 통해 자율성이 부여된 팀원들은 그렇지 않은 팀원들에 비해 더 높은 성과를 달성하며, 장기적으로 조직 내 리더십의 역할로 성장할 가능성이 높다. 리더가 질문을 통해 팀원들에게 문제 해결의 주도권을 넘겨줄 때, 팀원들은 자신의 역할에 더 큰 책임감을 느끼며 성과가 극대화되는 것이다. 리더십에 있어서 질문의 힘은 매우 중요한 요소이다.

리더는 팀원들에게 자율성과 책임감을 느끼게 하는 질문을 전략적으로 활용해야 한다. 이는 조직문화와 성과를 개선하는 데 있어 실질적으로 이바지할 수 있는 방향성을 제공하게 된다.

자율성의 정의는 개인이나 팀이 자기 결정과 자기 관리를 할 수 있는 능력을 의미한다. 즉, 자율적인 리더는 자신의 결정과 행동에 대해 책임지며, 이는 더 나은 결정을 내리기 위한 필수적인 요소라고 할 수 있다. 책임은 자율성과 밀접하게 관련되어 있는데 리더들은 자신의 결정과 행동에 대해 책임지며, 이는 팀과 조직 전체의 신뢰와 효율성을 높이는 데 중요한 역할을 한다. 책임이 리더십의 핵심 가치로 강조되며, 이를 통해 리더들이 더 나은 결과를 달성할 수 있다.

리더십에서 질문의 힘은 팀원의 자율성과 책임을 강화해 협력적인 팀 환경을 조성하고 학습과 성장을 촉진하게 된다. 또한 팀원들의 커뮤니케이션을 개선하는 데도 큰 역할을 한다.

스탠퍼드 경영대학원의 조나단 레빈(Jonathan Levin) 교수는 리더들이 먼저 자율적으로 결정하고, 그 결정에 대한 책임을 지는 것이 팀의 신뢰와 효율성을 높이는 데 중요한 역할을 한다고 강조하였다. 레빈 교수는 이론적 분석과 실증적 연구를 결합하여 경제학 등 여러 분야에 걸쳐 중요한 기여를 하였는데, 결정과 행동에 책임을 다하는 리더십에 관해 3가지의 핵심 요소를 강조하였다.

① **책임감이다.** 리더가 자신의 결정에 책임을 지는 것은 조직 내 신뢰를 구축하는 데 필수적이다. 이는 팀원들에게 문제를 솔직하게 인정하고 해결하려는 리더의 의지를 보이게 하며, 직원들이 팀과 조직에 신뢰를 갖도록 만들어 준다.

② 위기 상황에서의 리더십이다. 위기 상황이나 실패가 발생했을 때, 리더가 그 결과를 피하지 않고 책임을 지는 태도를 보이는 것이 중요하다. 이러한 행동은 팀원들에게 리더가 믿을 수 있는 인물임을 각인시키고, 문제 해결을 위한 협력적인 분위기를 조성한다.

③ 장기적인 성공의 초점이다. 지속 가능한 조직은 단기적인 성과뿐만 아니라 장기적인 성공에도 초점을 맞춰야 한다. 책임 있는 리더십은 조직이 외부 환경의 변화에 적응하고, 궁극적으로 더욱 발전할 수 있는 기반을 구축한다.

레빈 교수의 이러한 강조는 기업과 조직이 성공적으로 운영하기 위한 필수적인 요소들을 잘 반영하고 있다. 리더십이 단순한 권력 행사에 그치지 않고, 조직 구성원들과의 신뢰를 쌓아가는 과정임을 깨닫게 해 준다. 즉, 책임을 져야 하는 위치에 있는 리더가 자신의 역할에 충실히 임할 때, 조직문화와 성과 모두 긍정적인 방향으로 변화할 수 있다는 점에서 매우 중요하다고 할 수 있다.

■ 팀원의 자기 성찰 ■

팀원이 업무에 관해 자기 성찰하도록 돕는 것도 질문의 중요한 요소다. 특히 피드백 과정에서 질문은 팀원들이 단순히 지시를 받는 것이 아니라, 스스로 업무 성과를 평가하고 개선 방안을 찾을 기회를 제공한다고 할 수 있다.

리더가 "이번 프로젝트에서 배운 점은 무엇이지?" 또는 "다음에는 어떻게 더 잘할 수 있을까?"와 같은 질문을 던지면, 팀원들은 자기 성찰을 통해 더 나은 성과를 얻을 수 있는 것이다.

여러 연구에 의하면 질문을 통한 피드백을 받은 팀원들은 그렇지 않은 팀원들에 비해 자기 발전에 대한 의욕이 상당히 증가한 것으로 나타났다. 특히, 개방형 질문(예: "이번 프로젝트 결과에 대해 어떻게 생각해?")은 팀원들의 적극적인 업무몰입을 유도하며 지속적인 자기 학습과 성장 가능성을 높였다.

피드백은 긍정적이든 부정적이든 피드백 자체로 중요한 수단이 되어, 팀원 스스로 나아가야 할 방향을 명확히 하게 만든다. 이는 피드백 과정에서 리더의 질문으로 팀원들이 스스로 개선할 부분을 발견하고, 이를 통해 지속적인 성장과 성숙을 끌어 내는 것이다.

중소기업 A 기술회사는 일명 '피드백 플랫폼'을 도입하여 팀원 커뮤니케이션 문제를 해결하였고 이직률을 반으로 줄었다. 실시간 피드백을 통해 직원 만족도를 대폭 향상했고, 직원의 3분의 2가 혁신을 촉진하는 새로운 아이디어를 제안하기도 하였다. 질문 기반 피드백이 팀원의 자기 성찰과 혁신을 도모하는 파워풀한 도구로서 궁극적으로는 조직 전체의 성과를 높일 수 있었다.

질문과 피드백의 체계적인 사용은 효율적인 의사소통을 촉진하고 리더와 팀원 간의 신뢰를 구축하게 만든다. 또한 팀워크가 개선될 수 있게 도우며 팀 내 갈등 상황에서도 효과적으로 대처할 수 있게 함으로써 조직의 전체적인 성과에도 긍정적인 영향을 미칠 수 있는 요소로 작용하게 된다.

■ 조직의 성장과 혁신의 도모 ■

전통적인 리더십은 리스크를 되도록 피하는 것을 권장하지만, 질문리더십은 계산된 리스크를 감수하여 혁신을 촉진한다. 이는 새로운 기회를 찾고, 성장을 촉진하는 데 필수적이기 때문이다.

질문리더십은 집단 지성을 믿는 것이라고 할 수 있다. 결정권을 분산시켜 직원들이 자기의 아이디어를 제안할 수 있도록 한다. 이를 통해 최전선에서 일하는 직원들이 새로운 솔루션을 찾고, 학습과 성장을 촉진하며, 새로운 정보와 지식을 습득할 수 있는 기회를 제공한다. 오류를 두려워하지 않고, 이를 귀중한 학습 경험으로 삼는 환경을 조성하는 것이다. 결국 질문리더십은 단기적인 성과 향상뿐만 아니라, 장기적으로도 조직의 성장과 혁신에 큰 영향을 미친다.

팀원들이 질문을 통해 스스로 사고하고 문제를 해결하는 능력을 갖추게 되면, 조직은 지속적인 성과를 유지할 수 있다. 또한, 팀원들이 자율적으로 일할 수 있는 환경을 제공함으로써, 리더는 팀의 전반적인 생산성과 창의성을 높일 수 있는 것이다.

조직 혁신에 있어 질문리더십은 팀원들이 끊임없이 새로운 아이디어를 제시하도록 하는 탁월한 환경을 조성한다. 조직 혁신에 관한 질문리더십의 역할을 세부적으로 요약하면 다음과 같다.

첫째, 리더의 질문이 팀원들의 창의성과 적극성을 높이는 데 핵심 역할을 한다. 특히, 리더가 개방형 질문을 던질 경우 팀원들이 자기 생각을 자유롭게 표현할 수 있는 환경이 조성되며, 이는 새로운 아이디어를 창출하는 데 도움을 준다.

둘째, 경직된 사고의 저항이다. 질문을 던지는 리더는 팀원들이 기존의 규칙이나 절차에서 벗어나 새로운 관점을 찾도록 유도한다. 이는 특히 변화가 요구되는 환경에서 조직의 유연성을 높이는 데 기여한다.

셋째, 팀의 협력 증진이다. 질문리더십은 팀원의 소통을 개선하고 협력을 증진한다. 팀원들이 서로 질문하고 피드백을 주고받는 과정에서 공동의 목표를 향해 나아가는 유기적인 협업이 이루어진다.

넷째, 성과의 향상이다. 질문리더십을 적용한 팀은 더 많은 혁신적인 아이디어를 도출하고, 프로젝트 성공률 또한 높았다. 또한 팀원 간의 신뢰도 증가 및 직장 만족도가 향상되었다.

요약하면, 질문리더십은 조직의 혁신을 촉진하는 파워풀한 도구다. 변화에 대한 적응, 혁신, 리스크 감수, 직원 능력 강화, 그리고 학습적 사고를 통해, 팀 리더는 더 나은 결정을 내리고, 성과를 향상할 수 있다.

사실 미래의 비즈니스 세계는 전통적인 리더십만으로 급격한 변화에 대응하기 어렵다. 특히 AI 시대는 엄청난 변화로 특징 지어지며, 질문리더십은 이러한 변화에 적응하고, 혁신을 촉진하는 데 중요한 역할을 한다. 질문을 통해 리더들은 새로운 아이디어와 솔루션을 찾게 되고, 기존 방식을 창의적으로 도전하게 된다. 이는 하버드대 경영대학원 크리스텐슨 교수의 '혁신적 혁신' 혹은 '파괴적 혁신'과도 관련이 깊다.

클레이턴 크리스텐슨(Clayton M. Christensen) 교수는 현대 경영학에서 가장 영향력 있는 인물 중 한 명으로, '파괴적 혁신' 이론의 창시자로 널리 알려져 있다. 그는 1952년 미국에서 태어나 하버드 경영대학원에서 박사 학위를 받았으며, 그 후 하버드 대학에서 경영 관리를 가르치기 시작했다. 크리스텐슨 교수는 특히 1997년에 발표한 저서 『혁신 기업의 딜레마』를 통해 경영학의 대가로서의 입지를 확립하였다.

크리스텐슨의 '파괴적 혁신' 이론은 기존 시장의 리더들이 종종 눈에 잘 띄지 않는 새로운 혁신적 경쟁자들에 의해 위협받는 이유를 설명하였다. 그는 많은 기업이 기존의 성공 모델에 얽매여 진정한 혁신을 간과하게 되며, 이러한 기업들은 결과적으로 하락세로 접어들 수 있음을 지적했다.

이 이론은 특히 기술 변화가 가속화되는 현대 사회에서 기업들이 어떻게 이러한 변화에 적응하고 생존할 수 있는지를 이해하는 데 중요한 기초가 된다. 크리스텐슨은 '혁신적 혁신'의 개념으로 왜 강력한 기업들이 새로운 경쟁자에게 무너질 수 있는지를 설명하였는데 그 특징은 3가지로 요약할 수 있다.

① 기존 시장의 재편이다. 기존 시장에서 성공적으로 자리 잡고 있는 기업들이 새로운 시장의 출현으로 인해 어려움을 겪게 된다. 이는 대개 신규 업체가 저가 혹은 독창적인 제품으로 고객의 필요를 충족시킬 때 발생한다.

② 기술의 진화이다. 이러한 혁신은 종종 기술 발전을 통해 이루어진

다. 초기에는 저성능 제품이 전체 시장에서 무시당하지만, 시간이 지나면서 기술이 개선되고 경쟁력을 강화하면서 주류 시장에 진입하게 된다. 이 과정에서 기존의 강력한 기업들도 눈치채지 못한다.

③ 제품의 차별화이다. 초기에는 혁신적 기술을 특정 고객층에 특화된 서비스나 제품을 제공하므로, 기존의 대형 기업들이 놓치기 쉬운 분야에서 시작하여 점차 시장의 주요 부분으로 확대된다.

크리스텐슨의 '혁신적 혁신' 개념을 잘 설명하는 사례는 디지털카메라의 발전이라고 할 수 있다. 초기의 디지털카메라는 해상도가 낮고 가격이 비쌌으나, 시간이 지나면서 기술이 발전하고 가격도 저렴해지며 결국 기존의 필름 카메라 시장을 잠식하게 되었다.

많은 강력한 기업들이 새로운 시장의 혁신을 간과하여 결국 그들의 시장 지배력을 잃게 된 것이다. 크리스텐슨 교수는 기업들이 파괴적 혁신에 대비하기 위해서는 현재의 성공에 안주하지 말고, 새로운 기술이나 시장의 변화에 민감하게 반응해야 한다고 주장한다.

이는 기업들이 지속적으로 혁신할 수 있는 환경을 조성하고, 실험적인 아이디어를 받아들이며 포용해야 함을 의미한다. 결국, '혁신적 혁신' 개념은 단순히 기술적 변화를 다루는 것이 아니라, 기업 전략 및 조직문화 전반에 걸친 변화를 포함하며, 이러한 접근은 모든 기업이 생존하고 성장하기 위한 필수적인 요소로 여겨진다.

질문의 심리학: 사람을 움직이는 힘

질문은 단순한 커뮤니케이션 도구가 아닌 사람들의 사고와 행동을 움직이는 심리적 메커니즘을 내포하고 있다. 리더가 던지는 질문은 팀원들에게 새로운 통찰을 제공하고, 그들의 행동 변화를 끌어내며, 더 나은 성과를 창출할 수 있는 강력한 힘을 발휘한다.

9장에서는 질문이 사람들에게 미치는 심리적 영향에 대해 살펴보고, 이를 통해 팀원들의 동기부여와 성과 향상에 어떻게 기여할 수 있는지 실제 사례와 연구를 통해 분석하겠다.

■ 질문의 철학적 사유와 통찰 ■

철학자 소크라테스는 "나는 내가 아무것도 모른다는 것을 안다."라는 소크라테스식 대화법을 개발했다. 이 대화법으로 겸손한 자세로 질문을 통해 상대방 스스로 진리를 깨닫도록 하였다. 플라톤은 "질문을 던지는 자는 그 답을 이미 알고 있다."라고 말하며, 질문을 통해 스스로 답을 찾아가는 과정이 중요함을 역설하였다.

임마누엘 칸트는 저서 『순수 이성 비판』에서 인간의 인식 한계를 탐구하였는데 "우리는 무엇을 알 수 있는가?"라는 질문으로 지식의 본질을 분석하였다. 마르틴 하이데거는 『존재와 시간』에서 "존재란 무엇인가?"라는 질문을 중심으로 철학적 탐구를 전개하였으며 질문을 통해 존재의 의미를 깊이 탐구하였다. 실존주의 철학자 장폴 사르트르는 "우리는 무엇을 해야 하는가?"라는 질문을 통해 개인의 자유와 책임에 대해 탐구하였다.

철학자들의 '질문'에 대한 이러한 위대한 사유들은 오늘날 리더십에서도 중요한 통찰을 제공한다. 심리학자 존 듀이(John Dewey)는

"사람은 질문을 던질 때 진정으로 사고한다."라고 말하며, 질문이 사고를 촉발하는 중요한 도구라고 주장했다. 리더가 던지는 질문은 정보의 교환 혹은 커뮤니케이션을 포함해 팀원들이 스스로 사고하고 문제를 해결하도록 유도하는 심리적 촉매제로 작용한다는 것이다.

구성원은 질문을 통해 내적 동기를 자극받을 수 있으며, 그 결과 창의성과 성과가 향상된다. 특히, 자기 결정성 이론에 따르면 질문은 구성원의 자율성, 유능감, 관계성을 강화하는 데 핵심 역할을 한다.

자기결정성 이론(自起決定性理論)은 사람의 행동의 근본적인 원인이 내부적인 원인이지 외부적인 요인인지에 의해 결정될 때, 그 결과가 다를 수 있음을 설명하는 이론이다. 인간의 행동이 어떤 기준에 의해 통제되는가를 기반으로 하며 그 시작이 내면에서 시작하는지 아니면 외부에서 나타나는지를 기준으로 나뉜다.

이 이론은 인간의 동기가 개인 스스로 완전히 내적 요인(예: 흥미, 호기심)일 때 가장 높으며, 내적인 이유가 전혀 없이 순전히 외부적 요인(예: 강제, 강요)에 의해서 행동하게 되었을 때 제일 낮다는 명제를 기반으로 한다.

■ 개인의 동기부여와 성장을 촉진하는 자율성 지원 이론 ■

질문리더십과 성과 사이의 관계는 심리학적 이론과 리더십 연구에서 이미 잘 입증된 바 있다. '조직 행동 연구'는 조직 내 개인과 집단의 행동을 이해하고 개선하기 위한 연구 분야이다. 이 연구에 따르면 질문이 팀원들의 내적 동기를 자극하고, 창의적 사고를 촉진하는 중요한 역할을 한다고 설명하였다. 특히, 질문은 팀원들에게 자율성을 부여하고, 그들이 스스로 문제를 해결할 수 있도록 자극함으로써 성과를 극대화하는 도구로 작용한다고 밝혔다.

개인의 동기부여와 성장을 촉진하는 사회적 환경 조성에 관한 이론인 '자율성 지원 이론'에 따르면, 리더가 질문을 통해 팀원들에게 자율성을 부여하면, 팀원들은 자신의 업무에 더 깊이 몰입하게 된다. 이 몰입은 성과 향상으로 이어지며, 장기적으로는 더 높은 창의성과 문제 해결 능력을 발휘할 수 있게 된다.

자율성 지원 이론은 자기 결정성 이론의 중요한 구성 요소이다. 에드워드 데시(Edward Deci)와 리차드 라이언(Richard Ryan)에 의해 제안된 이 이론은 개인의 자율성을 존중하고 지원하는 것이 어떻게 동기를 부여하고 개인의 발전에 기여하는지를 설명한다. 또한, 개인의 내재적 동기를 촉진하는 다양한 심리적 요소를 강조한다.

자율성이란 개인이 자신의 선택과 결정에 대해 스스로 책임지고, 외부의 강요나 압박 없이 행동할 수 있는 능력을 의미한다. 자율성 지원은 이러한 욕구를 충족하기 위해 환경이나 상호작용을 조성하는 과정이다. 이론의 핵심은 자율성이 단순히 개인의 선택을 가능하게 하는 것이 아니라, 개인이 더 만족스럽고 의미 있는 방식으로 목표를 추구하게 만든다는 점에 있다.

자율성 지원의 중요성은 특히 조직에서 두드러진다. 구성원들이 업무 수행 방식이나 목표를 스스로 설정하도록 유도할 때, 더 높은 수준의 직무 만족도와 성과를 거둘 확률이 높아진다. 또한, 관계성 욕구와 유능성 욕구의 충족도 중요한데, 이는 개인이 타인과의 긍정적인 상호작용을 통해 더 큰 자아실현을 경험할 수 있도록 한다.

자율성 지원 이론은 단순히 강요된 행동이 아닌, 개인의 내적 동기를 극대화하는 데에 중점을 두고 있으며, 이러한 지원을 통해 개인 자신의 삶에서 더 큰 행복과 만족을 느낄 수 있다. 현재 자율성 지원의 개념은 다양한 분야에 적용되며, 조직의 인사 관리, 교육 이론, 심리 치료 등 여러 영역에서 그 효과성이 검증되고 있다.

■ 자기 결정과 내적 동기 ■

질문은 사람들의 감정과 동기부여를 자극하는 데 중요한 역할을 한다. 심리학 이론 중 하나인 자기결정성 이론에 따르면, 사람들은 자율성, 유능감, 관계성을 충족할 때 더 높은 동기부여와 성과를 발휘하였다. 즉, 리더가 던지는 질문은 팀원들의 자율성을 존중하고, 그들이 스스로 결정하고 문제를 해결하도록 독려함으로써 자기 결정감을 충족시킬 수 있다.

자기결정성 이론은 인간의 동기와 행동을 이해하기 위한 심리학 이론으로, 개인의 자율성과 내적 동기에 대한 중요성을 강조한다. 이 이론은 1970년대 에드워드 데시와 리처드 라이언에 의해 개발되었고 기본적으로 세 가지 주요 구성 요소를 가지고 있다.

① **자율성**(Autonomy)

개인이 자신의 행동을 자율적으로 결정하고 선택하는 능력을 의미한다. 이는 자신이 하고 싶은 일과 필요로 하는 일을 선택할 수 있는 자유를 갖는다.

② **유능감**(Competence)

개인이 도전적인 환경에서 자신의 역량을 발휘한다고 느끼는 것을 의미한다. 이는 성공적인 경험이나 피드백을 통해 강화되며, 개인의 자신감을 높인다.

③ **관계성**(Relatedness)

다른 사람들과의 관계에서 유대감을 느끼고 소속감을 경험하는 것을 뜻한다. 이는 사회적 지지를 받는 느낌을 통해 강화되며, 개인의 전반적인 웰빙에 기여한다.

자기결정성 이론에 따르면, 이 세 가지 요소는 사람이 내적 동기를 느끼고 성장을 경험하는 데 필수적이고, 이러한 요소들이 충족될 때 개인은 더 높은 수준의 동기와 만족감을 느끼게 된다.

자기결정성 이론은 조직관리, 교육, 스포츠 등 다양한 분야에서 응용되고 있다. 예를 들어, 교육 분야에서는 학생들이 학습 목표를 스스로 설정하고, 자신의 관심과 욕구에 맞게 학습 경로를 선택하도록 유도하는 프로그램을 들 수 있다. 이러한 접근은 학생들의 학습 동기와 학업 성취도를 높이는 데 기여한다.

기업 환경에서도 직원들이 스스로 목표를 설정하고, 자신이 맡은 일을 자율적으로 수행할 때, 직무 만족도와 생산성이 높아지는 경우가 많다. 예를 들어, 특정 프로젝트에서 팀원들에게 자유롭게 아이디어를 제안하도록 유도하고, 그 과정에서 개인의 유능감을 느끼게 하여 각자의 역할을 명확히 하는 원칙을 적용할 수 있다.

결론적으로, 자기결정성 이론은 개인의 동기를 이해하고 증진하는 데 효과적인 틀을 제공하며, 이를 통해 다양한 분야에서 긍정적인 변화를 도모할 수 있다.

조직심리 전문가들의 연구에 따르면 구성원의 자기결정감과 질문리더십 간에는 높은 상관관계가 있었는데 핵심 내용을 정리하면 다음과 같다.

- 자율성의 증가이다. 팀원들에게 자율성을 부여하는데, 질문리더십 이 효과적이었으며 리더의 질문은 팀원들이 자기 생각과 아이디어를 스스로 발전시킬 기회를 가지게 된다.

- 유능감의 향상이다. 질문리더십이 구성원들의 유능감을 높이는 데 효과적이었다. 팀원들은 리더의 질문에 대한 답변을 통해 자신의 능력을 확인하고, 문제 해결에 참여하면서 자신감이 향상하는 경험을 했다.

- 관계성의 강화이다. 질의응답 과정에서 팀원 간의 소통이 증진되고, 신뢰 관계가 강화되며 이는 팀워크를 향상하는 결과로 이어졌다.

- 동기 부여의 증진이다. 질문리더십이 팀 내에서 직원들의 내적 동기를 증가하는 데 기여하였다. 즉, 직원들이 자율적으로 문제를 해결하고 자신의 의견을 표현할 수 있을 때, 더 높은 수준의 동기와 참여를 경험하게 되었다.

■ 주도적 행동의 자기효능감 부여 ■

질문은 지시보다 내적 동기를 유발하는 강력한 도구다. 이는 그들 자신이 문제 해결 과정에서 중요한 역할을 맡고 있다는 느낌을 받기 때문이다. 심리학에서는 이를 자기효능감이라고 하며, 팀원들이 더욱 주도적으로 행동하게 만드는 결정적 요소가 된다.

자기효능감은 개인이 특정 과제를 수행할 수 있는 능력에 대한 믿음이나 기대감을 의미한다. 이 개념은 캐나다의 심리학자 앨버트 반두라(Albert Bandura)에 의해 제안되었는데 어떤 문제를 해결할 수 있다는 자신감과는 다른 개념이다. 자기효능감은 자신의 능력을 평가하고 그 능력을 기반으로 행동을 선택하는 데 중요한 역할을 한다. 즉 자기효능감은 개인의 목표 설정, 끈기, 그리고 최종 성과와 밀접하게 연결되어 있다.

자신에게 능력이 있다고 믿는 사람일수록 도전적인 과제를 더 잘 수행하며, 어려움에 직면했을 때도 지속적으로 노력하게 된다. 자기효능감이 높은 사람은 과제를 완수할 수 있다는 기대가 크기 때문에, 결과적으로 더 좋은 성과를 낸다. 반면, 자기효능감이 낮은 사람은 어려움이 생겼을 때 쉽게 포기하거나 동기를 잃게 된다.

자기효능감은 여러 가지 요인에 의해 영향을 받는데 앨버트 반두라 교수는 4가지 주요 요인을 제시했다.

① 성공의 경험이다. 과거의 성공적인 경험이 새로운 도전에 대한 자신감을 높이는 데 큰 역할을 한다.

② 간접적인 대리 경험이다. 다른 사람이 성공하는 것을 보고 자신도 할 수 있다고 느끼는 경험이다. 예를 들어, 친구가 어려운 시험에 합격하는 것을 보고 나도 할 수 있다는 자신을 가질 수 있다.

③ 사회적인 지지다. 주변인의 격려와 지지가 자기효능감을 높이는 데 도움이 되며 긍정적인 피드백은 자신에 대한 믿음을 더욱 강화한다.

④ 정서적 및 생리적 반응이다. 스트레스나 두려움 같은 정서적 반응을 어떻게 관리하는지에 따라 자기효능감이 달라질 수 있다. 긍정적인 정

서적 반응은 자기효능감을 높이지만, 부정적인 반응은 낮출 수 있다.

자기효능감은 다양한 사회 상황에서 요긴한 역할을 한다. 예를 들어, 팀원들이 목표 달성을 위해 노력을 기울이거나 적절한 잡포지션을 선택하는 과정에서 자기효능감이 중재자로 작용한다. 자신의 능력을 믿는 만큼 더 많은 도전과 일을 시도하게 되며, 이는 궁극적으로 성과를 향상할 수 있다.

연구에 따르면, 리더의 질문은 구성원들의 자기효능감을 크게 향상했으며 이는 성과 향상으로 이어졌다. 특히 리더가 **"이 문제를 해결하기 위해 어떤 방법을 시도해 보았나요?"** 라는 질문을 통해 자신의 경험과 지식을 바탕으로 해결책을 찾으려 노력한다. 그 과정에서 자신의 능력을 더 잘 이해하고, 필요한 접근 방식에 대해 깊이 생각하게 됨으로써 스스로 할 수 있다는 믿음을 강화하는 것이다. 또한 질문은 팀 내의 협력과 의사소통을 증진해 성과를 향상하는 데 결정적인 역할을 하기도 하였다. 질문을 잘 활용하는 것이 팀워크와 개인의 능력을 모두 키우는 방법이 될 수 있는 것이다.

이처럼 자기효능감은 개인의 심리적 건강과 직업적 성공에 긍정적인 영향을 미치는 핵심 요소다. 자기효능감을 이해하고 향상하는 것은 개인적 성장을 위해 꼭 필요하다고 할 수 있다.

결론적으로, 자기효능감은 자신에 대한 긍정적인 신념을 바탕으로 삶의 다양한 도전에 잘 대처하는 데 역할을 하며, 이를 통해 더 나은 성과를 도출할 수 있다.

AI 시대를 선도하는
질문리더십의 핵심

현대 사회에서 AI가 조직의 업무영역에서 다양한 역할을 하게 됨에 따라, 리더는 AI가 처리하지 못하는 비 디지털적인 요소를 더 중시할 필요가 있다. 특히, 질문은 리더가 반드시 갖춰야 할 중요한 리더십 도구라고 할 수 있다.

이 장에서는 AI 시대에 질문이 어떤 중대한 역할을 하고 있는지 살펴보겠다.

■ 성과 창출을 위한 리더의 질문 전략 ■

리더의 질문은 팀원들이 스스로 목표를 설정하고, 문제 해결 과정을 주도적으로 끌어 나가도록 돕는 역할을 한다. 이러한 질문은 성과 창출에 크게 기여한다. 다음은 성과 창출을 위한 질문 전략이다.

▎목표 설정 질문

목표 설정 질문은 팀원들이 자신의 성과 목표를 명확히 하고, 이를 달성하기 위한 구체적인 계획을 세우는 데 중요한 역할을 한다. 예를 들어, **"이 프로젝트에서 당신의 목표는 무엇인가요?"** 라는 질문은 팀원들이 자신의 역할과 책임을 인식하게 도와주며, 이에 따라 성과를 창출할 동기를 부여한다.

이런 질문을 통해 팀원들은 자율적으로 목표를 설정하게 되고, 이는 더 높은 책임감을 느끼게 만든다.

스스로 설정한 목표는 더 큰 의미를 가지기 때문에, 목표를 달성하기 위한 노력이 더욱 증가하는 것이다. 이는 개인의 성장뿐만 아니라 팀의 전체적인 성과 향상으로 이어진다. 또한, **"우리가 갖고 있는**

자원은 어떤 것들이고, 이를 어떻게 활용할 수 있을까?"와 같은 질문은 팀원들에게 현재 자원에 대한 이해를 돕고, 이를 최대한 효과적으로 활용할 아이디어를 모색하도록 유도한다. 팀이 가진 자원에 대한 충분한 인지는 팀원들이 전략적으로 접근할 수 있게 하며, 더 나아가 자원의 효율적인 배분과 활용 가능성을 높인다.

더욱이, 목표를 달성하기 위해 필요한 요소와 기한을 명확히 설정함으로써 모든 팀원이 동일한 목표를 향해 나아갈 수 있도록 돕는다. 이를 통해 팀 내에서는 공통의 비전이 공유되고, 각자 자신의 목표가 팀의 목표와 어떻게 연결되는지를 이해하게 된다. 이 과정에서 팀원들은 서로의 목표를 지원하고 협력하는 문화를 형성하게 된다.

효과적인 목표 설정은 목표 달성을 위한 단순한 기초 작업이 아니라, 팀의 사기를 높이고, 각 팀원이 자신의 성장과 영향을 깨닫게 만드는 중요한 과정임을 기억해야 한다. 결국, 목표 설정 질문은 팀워크를 강화하고, 비즈니스 성과를 높이는 요소로 작용한다고 할 수 있다.

이런 질문들이 팀의 의사소통을 활성화하는 데에도 큰 도움이 된다. 팀원들이 서로의 목표와 계획을 공유하면서 자연스럽게 피드백을 줄 수 있는 기회가 생기고, 그로 인해 집단의 지혜와 창의성을 모아서 더 나은 성과를 낼 수 있는 것이다. 자기 주도적으로 목표를 설정하고 이를 이루기 위해 협력하는 과정이 반복된다면, 팀 전체의 능력도 지속적으로 발전하게 된다.

결론적으로, 목표 설정 질문은 팀원 자신의 역할과 책임을 인식시키고, 자원 활용에 대한 전략을 세우며, 팀의 통일성과 협력을 강화하는 데 필수적인 질문인 것이다. 이는 목표 달성뿐만 아니라 팀워크와 조직 문화에서도 긍정적인 변화를 불러오는 전반적인 효과를 가져온다.

▋성찰적 피드백 질문

성찰적 피드백 질문은 팀원 간의 직관적인 커뮤니케이션을 촉진한다. 지속적인 성장과 개선을 위한 중요한 도구로서 팀원들이 자신의 경험을 공유하고, 과거의 교훈을 바탕으로 새로운 전략을 수립하는 데 도움을 준다. 예를 들어, **"이번 프로젝트에서 어떤 점이 가장 잘 작동했으며, 어떤 부분을 개선할 수 있을까?"** 라는 질문은 팀원들이 프로젝트를 돌아보며 성과와 문제점을 점검하는 기회를 제공한다.

이런 질문으로 팀의 모든 구성원이 각자의 시각에서 문제를 바라보게 되고, 그 내용을 기반으로 다음 단계에 대한 구체적인 논의를 이어갈 수 있다. 즉, 이는 팀의 전체적인 이해도를 높이고 더욱 효과적인 결과를 도출할 수 있게 만든다.

이 과정에서 팀원들은 서로의 아이디어에 대해 논의하며, 다양한 해결책을 제시하는 기회를 얻게 된다. 또한, "**이전의 경험에서 무엇을 배웠고, 이것이 앞으로의 작업에 어떻게 적용될 수 있을까?**"라는 질문은 팀원들이 과거 프로젝트에서의 성공과 실패 사례를 반영하게 한다. 이를 통해 팀은 반복되는 실수를 피하고, 더 나아가 이전에 배운 교훈을 활용하여 향후 프로젝트에서 더 전략적이고 효과적으로 접근할 수 있다. 이러한 성찰적 질문들은 팀의 지속적인 학습과 성장을 촉진하고, 각 팀원이 자신이 팀의 목표 달성에 기여하고 있다고 느끼게 만든다.

성찰적 피드백의 중요성을 강조하기 위해, 건설적인 피드백을 주는 것도 매우 중요하다. 예를 들어, "**당신의 커뮤니케이션 스타일이 가끔 공격적으로 느껴집니다.**"라는 피드백은 단순히 비판적이지 않고, 팀원이 어떻게 더 나은 방향으로 나아갈 수 있을지를 제안하는 방식이다. 또, "아이디어는 혁신적이지만 맥락 없이 제시될 경우 혼란을 줄 수 있으니, 더 명확히 설명해 주면 좋겠습니다."라는 식의 피드백도 긍정적인 변화를 끌어낼 수 있다.

결국, 성찰적 피드백 질문은 피드백 과정을 통해 팀 내의 신뢰 구축에 기여하며, 팀원들 각자가 자신이 어떤 부분에 기여할 수 있는지를 명확히 인식할 수 있도록 도와주는 역할을 한다. 이러한 질문과 피드백 문화는 팀의 역량을 일관되게 발전시키고, 장기적으로 조직의 성과에도 긍정적인 영향을 미칠 것이다.

각 팀원이 자신이 팀의 일원으로서 어떤 역할을 수행하고 있는지를 깨닫게 함으로써, 팀의 목표를 향해 함께 나아갈 수 있는 힘을 더하게 된다.

▌협업을 증진하는 질문

질문은 협업을 증진하는 데도 매우 핵심적 역할을 한다. 협업은 팀의 성과를 극대화하는 데 필수적이며, 질문을 통해 팀원들이 서로의 의견을 공유하고, 공동의 목표를 향해 나아갈 수 있도록 유도해야 한다. 이에 대한 여러 가지 접근 방식이 있다.

먼저, "우리가 함께 해결해야 할 문제는 무엇인가?"라는 질문은 팀원이 현재 직면하고 있는 문제를 명확히 하고, 그 문제를 해결하기 위해 어떤 방법이 필요한지를 논의하는 기회를 제공한다. 이 질문을 통해 팀원들은 각자 서로 다른 관점에서 문제를 바라보고, 더 나아가 다양한 아이디어를 제시할 수 있다.

이는 문제 해결의 과정에서 팀원 간의 대화를 활성화할 뿐만 아니라, 공동의 목표를 향해 함께 나아가도록 유도한다. 또한, "**각자의 역할에서 어떤 지원이 필요할까?**"라는 질문을 던짐으로써 팀원들은 자신의 역할에 대한 책임을 인식하게 되고, 서로의 강점을 이해하는 데 도움을 줄 수 있다.

이를 통해 각 역할에 필요한 지원을 명확히 하고, 팀원 간의 협력적 분위기를 조성할 수 있다. 각자의 요구와 지원 방안을 논의하면서 팀원들은 서로를 지원할 방법을 구체적으로 고민하게 되고, 이는 자연스럽게 협업의 발전으로 이어진다.

더 나아가 "**각 팀원의 강점은 어떻게 활용하여 공동의 목표를 달성할 수 있을까?**"라는 질문은 협업의 시너지를 극대화하는 데 큰 도움이 된다. 이를 통해 팀원들은 서로의 능력과 역량을 재조명하고,

개인의 강점을 살리면서도 팀의 목표를 향해 나아갈 수 있도록 협력할 방법을 모색하게 된다. 각 팀원이 가진 독특한 스킬들과 경험을 공유함으로써 팀은 다양한 관점에서 접근할 수 있는 기회를 갖게 된다.

이러한 질문들은 또한 팀 내의 신뢰를 구축하는 데 필수적이다. 팀원들이 서로의 강점과 필요를 이해하고 존중하게 되면, 협력적인 관계가 형성된다. 실제로, 협업적 환경에서는 팀원들이 위험을 감수하고 아이디어를 공유하는 경향이 높아지며, 이는 팀워크와 혁신을 촉진한다. 그렇게 되면 팀원들이 서로 피드백을 주고받으며 자연스럽게 배움의 과정으로 연결된다.

마지막으로, 팀의 협업을 증진하기 위해서는 이러한 질문을 바탕으로 한 실질적인 행동이 필요하다. 정기적인 팀 회의와 함께 아이디어를 자유롭게 공유할 수 있는 플랫폼을 제공하는 것이다. 예를 들어, '클릭업(ClickUp)'과 같은 협업 도구를 통해 중앙집중화된 정보 공유와 프로젝트 관리가 이루어지면, 팀원들이 각자의 아이디어와 의견을 더욱 쉽게 나누고, 함께 작업을 진행하는 과정에서 불편을 줄일 수 있다.

결론적으로, 협업을 증진하는 질문은 팀의 상호작용을 혁신적으로 변화시킬 수 있는 핵심적인 요소라고 할 수 있다. 이러한 질문을 통해 팀원들은 서로의 의견을 존중하고, 강점을 활용하여 공동의 목표를 향해 함께 나아갈 수 있는 더욱 풍부한 협력적 환경을 조성하게 된다.

목표 설정과 피드백, 협업 등 세 가지 질문 전략을 통해 팀원들은 더욱 협력적이며, 각자의 역할을 충분히 수행하고 목표 달성을 위한 보다 효율적인 업무 환경을 구성할 수 있다. 질문하는 문화는 문제 해결 능력을 향상하고, 팀 성과를 최대화하는 데 필수적인 요소가 된다.

재차 언급하지만, 질문은 사람의 사고와 행동을 변화시키는 강력한 심리적 도구다. 특히, 리더의 질문은 팀원들에게 새로운 통찰을 제공하고, 그들의 내적 동기를 자극해 더 나은 성과를 끌어낸다. AI 시대에도 질문은 팀원들이 스스로 문제를 해결하고 성장할 수 있도록 돕는 중요한 리더십 도구로서의 역할을 계속할 것이다.

■ 질문 중심 문화와 리더십 ■

질문에는 분명 사람을 움직이는 힘이 있다. 온라인 스트리밍 기업인 넷플릭스는 직원들의 창의성과 성과를 극대화하기 위해 질문 중심의 문화를 도입하였다.

넷플릭스는 "우리는 이 문제를 어떻게 더 혁신적으로 해결할 수 있을까?"와 같은 개방형 질문을 통해 직원들의 사고를 자극했다. 이 질문은 직원들에게 스스로 해답을 찾을 수 있는 자율성을 제공했고, 이는 넷플릭스가 새로운 콘텐츠 제공 방식을 도입하고 스트리밍 산업에서 선도적인 역할을 하는 데 중요한 역할을 했다.

창의적인 사고를 유도하고, 팀의 효율성을 높이며, 새로운 아이디어를 탐색하였던 넷플릭스의 질문 중심 문화는 2가지로 요약할 수 있다.

① 질문의 중요성

넷플릭스는 질문을 단순한 정보 요청이 아니라 창의성을 자극하는 도구로 사용했다. 질문은 팀원들이 기존의 사고방식에서 벗어나 새로운 관점을 탐구하도록 유도하는 개방형 질문을 사용했으며, 이는 직접적인 혁신으로 이어졌다.

② 질문의 문화

넷플릭스의 기업 문화에서는 자유로운 질문을 통한 소통을 강조했다. 직원들이 자신이 생각하는 점이나 궁금한 점에 대해 거리낌 없이 질문할 수 있는 환경이 조성되어 있었고, 이러한 문화는 다양한 아이디어와 피드백이 자연스럽게 오갈 수 있게 하여 혁신적인 사고를 촉진하였다.

넷플릭스는 프로젝트 회의에서 "이 아이디어가 성공할 수 있을까?" 또는 "어떤 점이 우리가 예상한 것과 다를 수 있을까?"와 같은 다양한 질문을 던지는 시간을 갖는다.

이런 질문들은 팀원들이 문제의 본질을 깊이 있게 파악하고, 취약점에 대해 미리 고민하게 만든다. 이후 넷플릭스는 지속적인 피드백을 통해 질문의 효과를 극대화했다. 팀원들이 자신의 아이디어에 대한 피드백을 받을 때, 질문을 통해 더 깊이 있는 논의를 끌어내며, 이를 통해 아이디어를 발전시키는 방향으로 나아간 것이다.

넷플릭스의 질문 중심의 문화는 직원들의 참여도와 동기를 높이는 데 중요한 역할을 하였다. 질문을 통해 자신의 의견이 존중받고 반영된다는 느낌을 받을 수 있기 때문에, 직원들은 더 적극적으로 아이디어를 공유하게 된다. 이러한 질문 문화는 넷플릭스가 글로벌 미디어 시장에서 혁신을 선도하는 데 기여하였고 끊임없이 새로운 콘텐츠와 서비스를 제공하기 위해 직원들이 고민하고 질문하는 과정이 핵심 요소로 작용하여, 소비자 요구에 발 빠르게 대응할 수 있었다.

질문은 단순한 의사소통의 수단을 넘어, 명확한 목적을 가지고 사용될 때 조직의 혁신을 이끄는 동력이 될 수 있으며, 이러한 넷플릭스의 질문 중심 문화는 다양한 조직과 팀에 영감을 줄 수 있는 모델이 될 것이다.

애플 또한 질문을 통해 직원들의 창의적 사고를 끌어내고, 제품 개발 과정에서 혁신을 주도하는 기업으로 유명하다. 스티브 잡스는 제품 개발 과정에서 "우리가 이 제품으로 세상을 어떻게 바꿀 수 있을까?"라는 질문을 던지며, 직원들이 기술적 문제를 해결하는 데 그치지 않고, 더 넓은 사회적 영향을 고민하게 했다. 이러한 질문은 애플의 혁신적인 제품 개발 과정에서 중요한 역할을 했다.

질문은 단순히 정보를 수집하는 수단이 아니라, 팀원들이 문제를 다양한 각도에서 바라보도록 유도하는 역할을 한다. 예를 들어, **"이 제품이 고객의 문제를 어떻게 해결할 수 있을까?"**와 같은 질문은 직원들이 사용자의 니즈를 보다 깊이 이해하게 만든다. 더불어 질문을 통한 의사소통은 협업을 촉진한다. 팀원들이 자기의 의견을 자유롭게 표현할 수 있는 환경이 조성되고, 이는 상당한 수준의 창의적인 아이디어나 솔루션으로 이어지는 것이다. 특히, 개방형 질문을 통해 팀원들은 서로의 생각을 비교하고, 새로운 아이디어를 발전시키는 과정이 자연스럽게 이루어진다고 할 수 있다.

사실 애플의 질문 문화는 지속적인 혁신을 위한 필수 요소로 작용했다. 애플은 직원들이 문제를 인식하고 해결책을 모색하는 과정에서 질문을 중심으로 한 사고를 장려함으로써, 혁신적인 제품과 서비스 개발에 기여했다. 이에 따라, 애플은 기기의 디자인부터 사용자 경험에 이르기까지 모두에서 차별화된 가치를 제공할 수 있었다.

결론적으로, 질문은 애플의 경영 철학의 핵심 요소이며, 이는 다른 기업에도 혁신을 끌어내기 위한 강력한 도구로 활용된 것이다. 이러한 질문 중심의 문화는 예비 리더들에게도 많은 통찰을 제공할 것이다.

구글 또한 열린 질문을 통해 팀원들의 협력과 성과를 촉진하는 문화로 잘 알려져 있다. 구글의 리더들은 **"이 문제를 다른 방식으로 해결할 방법은 없을까?"** 라는 질문을 자주 던지며, 직원들이 고정된 사고방식에서 벗어나 새로운 접근 방식을 고민하도록 자극하였다.
이러한 질문 중심의 리더십은 구글이 최고의 혁신적인 성과를 달성하는 데 기여했다고 할 수 있다. 구글의 질문 문화는 직원들이 서로의 의견을 존중하고 자유롭게 소통할 수 있는 환경을 조성했다. 질문을 통해 팀원들은 서로 다른 아이디어를 공유하고 논의할 수 있는 기회를 가지며, 이는 혁신적인 솔루션을 도출하는 데 중요한 역할을 했다.

질문은 직원들이 자신의 의견을 적극적으로 제시하도록 유도했는데 특히 개방형 질문("이 문제를 해결할 수 있는 다른 방법은 무엇인가?")은 직원들의 창의성을 자극하고, 팀의 참여도를 높이는 데 효과적이었다. 구글에서는 이를 통해 다양한 시각이 모여 혁신적 결과를 낳는 계기를 마련했다. 또한 구글은 질문을 통해 문제 해결 과정에서 전통적인 접근 방식을 초월하고, 새로운 시도를 하도록 장려했다.

질문을 던지는 것은 정보 교환뿐만이 아니라, 근본적인 문제를 인식하고 해결책을 모색하는 지속적 개선 프로세스의 핵심 요소가 되며 창의성을 키우고, 조직의 혁신을 강화한다. 구글에서 질문은 단순한 의사소통 도구가 아니라, 팀과 조직이 성장하고 발전하는 데 필수적인 요소가 된 것이다.

■ AI와 차별화된 팀원과의 상호작용으로의 리더의 질문 ■

AI는 빠르고 정확한 분석을 제공하지만, 인간의 감정적, 사회적 상호작용을 대체할 수는 없다. 질문은 인간인 리더가 AI와 차별화되는 도구로 작용하며, 특히 다음과 같은 이유에서 더욱 중요한 역할을 한다고 할 수 있다.

1. 감정적인 유대와 신뢰의 형성

AI는 업무의 보조적인 역할만 담당할 뿐, 팀원들과의 신뢰를 형성할 수 없다. 리더가 던지는 질문은 팀원들이 자신의 의견을 표현할 기회를 제공하고, 그들의 감정을 이해하는 데 중대한 역할을 한다.

인간은 본질적으로 사회적인 존재로, 감정적인 유대감과 신뢰는 상호작용의 기초라고 할 수 있다. 이런 감정적 연결이 형성되는 과정에서 질문은 핵심적인 역할을 한다. 충실한 질문은 상대방에 대한 관심과 존중을 나타내며, 이는 신뢰를 쌓는 데 기여한다.

감정적 유대와 신뢰는 개인 간의 관계에서 필수적인 요소이다. 인간은 타인과의 관계를 통해 감정적으로 풍부한 경험을 쌓는다. 이러한 유대는 서로 간의 이해와 존중에서 비롯되며, 특히 대화에서 질문은 이 과정을 촉진하는 것이다.

장영하 교수는 AI 시대에 '인간다움'이 과연 무엇인지 깊이 있게 질문해 보아야 한다고 강조하였다. 장 교수는 현재 영국 서식스대학교에서 과학기술정책연구소 부교수로 재직하고 있으며, 심도 있는 연구를 통해 AI와 그에 따른 사회적, 윤리적 이슈에 대해 활발한 논의를 펼치고 있다. 특히, 장 교수는 AI가 우리 일상과 직업 세계에 점점 깊숙이 자리 잡게 됨에 따라, 인류가 AI와 공존하기 위해 필요한 다양한 질문들을 제기하였다.

그는 "인간은 AI 활동의 최종 결정권자 역할을 해야 하며, AI는 인간에 의해 사용되고, 그 방향성이 결정되는 도구"라고 강조하였다. 이는 AI가 데이터를 학습해 예측한 결과와는 달리, 인간은 더욱 복잡한 사고를 통해 그 결과를 평가하고 조정할 수 있다는 점에서 중요하다고 할 수 있다.

AI의 발전이 초래할 수 있는 '책임 문제'와 관련해, 장 교수는 AI가 스스로 판단하고 결정을 내리게 될 경우, 행동에 대한 책임이 누구에게 있는지를 명확히 해야 한다고 주장했다.

AI의 권리와 책임 범위가 어디까지인지에 대한 논의는 지금부터 필요하며, 현재 AI 기술을 총괄할 사회적, 윤리적 가이드라인이 부족함을 지적하였다. 즉, 장영하 교수의 연구와 논의는 AI 시대에 '인간다움'이 무엇인지에 대한 심오한 질문을 던지고 있으며, 이는 단순한 기술적 변화만이 아니라 사회적 가치와 윤리에 관한 깊은 성찰을 요구한다. AI의 발전이 가져올 수 있는 사회적 변화에 대한 새로운 관점을 제공하고, 인류가 이러한 변화에 어떻게 적응하고 조화롭게 공존할지를 탐구하는 그의 연구가 많은 이에게 귀감이 되고 있다.

AI와 대화할 때 우리는 인간관계에서 느끼는 신뢰감과 감정적 연결 형성을 어떻게 할 것인가? AI와의 관계가 깊어짐에 따라 사람들의 감정적 요구를 충족하는 개념도 변화하고 있다. AI는 예측할 수 있고 비판적이지 않기 때문에, 사용자가 자신의 감정을 더 자유롭게 표현할 수 있는 공간을 제공한다. AI가 **"어떻게 느끼세요?"** 또는 **"어떤 점에서 도움이 필요하신가요?"**라는 질문을 던짐으로써 상대방의 감정과 상태를 이해하려고 노력한다. 이는 인간이 자신의 감정을 표현하는 기회를 가지게 되며, AI와 유대관계를 형성하고 신뢰도가 높아지는 기틀을 마련한다. 이것은 감정적 유대를 형성하는 데 큰 역할을 하며, AI와의 상호작용에서 신뢰를 쌓는 기반이 될 수 있다.

다만, AI에게 의존하게 되는 경우, 인간의 전통적인 관계가 약화할 위험도 존재하기 때문에 우리는 이러한 관계에서 조화로운 상호작용에 대해 깊이 고민해야 한다. 아울러 우리는 윤리적, 사회적 문제도 함께 고려해야 한다.

AI가 인간의 복잡한 감정 상태를 이해하고, 감정적 상호작용을 자연스럽게 만들 수 있는 수준에 이른다면, AI와의 관계가 우리 인간성에 미치는 영향을 심층적으로 탐구해야 한다. 이는 감정적 만족을 추구하는 동시에 실제 인간관계를 어떻게 유지하고 발전시킬 것인가 하는 문제를 동반한다.

결론은 AI 시대에 질문은 감정적인 유대와 신뢰의 형성을 위해 필수적 요소라는 점이다. 특히, AI와의 상호작용에서 효과적인 질문은 인간의 감정 표현을 돕고, 상호작용의 질을 높이며, 궁극적으로 인간과 AI 간의 신뢰를 강화하는 역할을 한다고 할 수 있다. 이러한 과정에서 우리는 AI와의 관계가 우리의 인간관계에 어떤 영향을 미칠지를 고려하고, 이를 통해 더 깊은 의미의 상호작용을 만들어 나가야 할 것이다. 분명 AI와의 관계에서 경험할 수 있는 감정적 교류는 우리의 사회적 유대를 더욱 풍부하게 만들 기회와 도전이 될 것이다.

2. 창의적 사고의 촉진

AI는 정형화된 데이터를 분석하는 데 분명한 장점이 있지만, 새로운 아이디어를 창출하거나 창의적 사고를 자극하는 데는 한계가 있다. 따라서 질문을 통해 리더는 팀원들이 더 창의적이고 혁신적인 사고를 할 수 있도록 유도한다.

창의적 사고는 기존의 지식이나 경험을 바탕으로 새로운 아이디어나 해결책을 만들어내는 사고방식이다. 이는 단순히 정답을 찾는 것에서 벗어나, 다양한 가능성을 탐구하고 혁신적인 접근을 모색하는 과정이다. 따라서 창의적 사고는 개인의 문제 해결 능력을 향상하는 데 도움이 될 뿐만 아니라, 조직 전체의 경쟁력을 높이는 데에도 기여한다.

AI 시대에는 다양한 정보와 데이터의 수집이 가능하지만, 중요한 것은 이 정보를 어떻게 활용하느냐이다. 여기서 질문이 중요한 역할을 하게 된다. 질문을 통해 우리는 사고의 폭을 넓히고, 다른 각도에서 문제를 바라볼 기회를 제공한다.

예를 들어, "왜 이런 방법이 효과적이지 않을까?", "다른 대안은 무엇일까?"와 같은 질문은 기존의 사고방식에서 벗어나 새로운 아이디어를 도출해 낼 수 있는 기회를 마련해준다.

구글은 창의적 사고의 촉진을 위해 '일주일에 한 번 창의적 질문을 던지는 세션'을 운영한다. 이 세션에서는 모든 팀원이 각자 맡고 있는 프로젝트와 관련된 질문을 마련하여 공유한다.

이러한 과정을 통해 팀원들은 서로의 생각을 자유롭게 표현하고, 다양한 피드백을 반영함으로써 새로운 관점을 발견할 수 있다. 또한, IDEO(디자인 혁신의 아이콘으로 자리 잡은 미국의 디자인 및 컨설팅 기업)와 같은 디자인 씽킹을 전문으로 하는 기업에서는 문제 정의 단계에서 다양한 질문을 통해 사용자 경험을 이해하고, 문제를 명확히 규명한다.

이는 팀이 더 창의적이고 혁신적인 디자인 솔루션을 개발하는 데 도움을 준다. 이러한 질문들은 단순히 현상 유지에 머물지 않고, 저변에 깔린 문제의 원인을 찾아내고 새로운 해결책을 제시할 수 있는 기반이 되기 때문이다.

AI 시대에 질문은 넘쳐나는 정보를 활용하고 창의적으로 연결하는 핵심적인 도구가 된다. 질문을 통해 우리는 새로운 아이디어를 창출하고, 다양한 문제에 독창적으로 접근할 수 있는 기회를 가지게 된다. 즉, 질문은 창의적 사고를 촉진하여 개인과 조직 모두에게 경쟁력을 부여하는 요소라고 할 수 있다. 이러한 이유로 AI 시대의 질문의 중요성은 더욱 강조되고 있다.

3. 팀원의 참여와 몰입

AI는 분석을 제공할 수 있지만, 팀원들이 실제로 몰입하고 참여하도록 유도하는 것은 질문을 통해 가능하다. 리더가 던지는 질문은 팀원들이 스스로 해결책을 찾고, 더 큰 책임감을 느끼도록 만들며, 이는 궁극적으로 성과 향상으로 이어진다.

팀 내에서 효과적인 의사소통을 촉진하기 위해 필요한 질문의 유형과 그 중요성에 대해서는 6가지로 나누어서 정리할 수 있다.

① **개방형 질문의 활용**

개방형 질문은 상대방이 자유롭게 생각을 표현할 수 있도록 유도하는 질문이다. 이런 질문은 대화의 폭을 넓히고, 상대방의 깊은 감정이나 의견을 끌어내는 데 유용하다. 예를 들어, **"이번 프로젝트에서 어떤 점이 가장 도전적이라고 느끼는가?"** 라는 질문은 팀원이 자신의 경험을 자유롭게 공유할 수 있는 기회를 준다. 이는 팀원 간의 신뢰를 구축하고, 보다 깊이 있는 대화가 가능하다.

② **폐쇄형 질문과 그 역할**

폐쇄형 질문은 '예', '아니오'로 대답할 수 있는 질문이다. 이런 질문은 정보를 간단하게 확인하고 싶을 때 유용하며, 대화의 방향을 쉽게 조정할 수 있는 장점이 있다. 예를 들어, **"이 아이디어에 대해 찬성하는가?"** 처럼 구체적인 답변을 요구할 수 있다. 하지만, 이 질문만 지나치게 사용하면 대화가 단조로워질 수 있으니 적절하게 섞어 사용하는 것이 중요하다.

③ **피드백을 유도하는 질문**

팀원들이 자신의 의견을 발표한 후에는 피드백을 유도하는 질문을 활용하는 것이 좋다. **"이와 관련해 다른 의견은 없는가?"** 와 같은 질문은 팀원들의 적극적인 참여를 유도하고, 다양한 관점을 통해 문제를 다각도로 분석할 수 있게 한다.

④ 반영적 질문의 중요성

예를 들어, "이 프로젝트에서 어떤 부분이 나에게 가장 큰 의미가 있었는가?"라는 질문은 팀원들이 자신의 경험을 되새기고, 개인의 가치관과 어떻게 연결되는지를 생각하게 한다. 이는 개인의 정체성을 존중하고, 각자의 기여를 더욱 가치 있게 느끼게 하는 데 도움이 될 수 있다.

⑤ 팀의 목표와 방향성에 대한 질문

목표 설정이나 방향성을 논의할 때 "우리가 달성해야 할 최종 목표는 무엇인가?"와 같은 질문이 유용하다. 이는 팀원들이 공동의 목표를 인식하게 하고, 각자의 역할을 명확히 이해하는 데 도움을 준다. 명확한 방향성이 제공되면 팀 내 협력도 자연스럽게 강화된다.

⑥ 프로젝트 진행 상황에 대한 질문

진행 중인 프로젝트에 대해 "이 단계에서 우리가 놓치고 있는 점은 무엇인가?"와 같은 질문을 통해 팀원 간의 의견을 교환하고, 문제점이나 개선점을 함께 논의할 수 있다. 이는 책임감을 높이고, 팀 전체의 참여를 유도하는 데 핵심적 역할을 한다.

팀원의 참여와 몰입 등 의사소통을 활성화하기 위해서는 다양한 질문 기법을 전략적으로 활용하는 것이 필요하다. 개방형 질문과 폐쇄형 질문을 적절히 조합하고, 피드백 및 반영적 질문을 통해 팀원의 참여를 유도한다. 그러면 프로젝트 목표와 관련된 질문으로 방향성이 명확해져 대화의 질을 높일 수 있고, 더불어 팀의 결속력도 강화된다. 이러한 접근은 팀워크와 창의적인 문제 해결을 위한 환경을 조성하는 데 필수적이다.

AI가 업무적으로 많은 문제를 해결할 수 있는 도구로 자리 잡아가고 있지만, 질문은 여전히 팀 리더가 팀원들과 소통하고 그들의 성과를 극대화하는 데 중요한 역할을 한다. AI 시대에도 인간 리더의 질문은 조직의 성과를 좌우하는 중요한 요소가 될 것이다.

4부

질문리더십의 실천 전략과 성과 창출

질문리더십을 통한
기업들의 **성공 사례**

리더의 질문은 팀원들의 사고와 행동을 자극하고, 성과 창출에 있어 중요한 도구로 작용한다. 질문을 통해 팀원들이 스스로 해결책을 찾을 수 있도록 돕고, 성과를 극대화할 수 있다.

이번 장에서는 질문리더십이 성과 창출로 어떻게 이어지는지 다양한 기업 사례를 통해 분석하고, 그 과정에서 작용하는 조직적 요인에 대해 알아보겠다.

■ 질문을 통한 혁신! 성공적인 한국의 기업 사례 ■

삼성전자는 질문을 통해 혁신을 촉진하고 있는 한국의 대표적인 기업 중 하나이다. 이 회사의 R&D 부서는 기존 기술의 한계를 넘어서고 창의적 해결책을 모색하기 위해 "**현재 기술의 한계는 무엇인가?**"라는 질문을 자주 던진다. 이러한 질문은 팀원들이 기존의 사고방식을 뛰어넘어 더 나은 해결책을 찾도록 자극하는 역할을 하였다.

삼성의 리더들이 끊임없이 던진 개방형 질문은 팀원들의 창의성을 증진했고, 문제 해결에 대한 새로운 접근 방식을 끌어냈다. 예를 들어 특징 프로젝트에서 리더가 "**우리가 이 문제를 해결하기 위해 어떤 새로운 아이디어를 시도해 볼 수 있을까?**"와 같은 질문을 던졌을 때, 팀원들은 더 창의적이고 혁신적인 해결책을 제시하게 되었다. 또한, 질문을 통한 상호작용은 팀 내 커뮤니케이션을 활성화하고, 모든 구성원이 자신의 의견을 자유롭게 표현할 수 있는 환경을 조성했다.

이는 경영진과 직원 간의 신뢰 구축에도 긍정적인 영향을 미쳤다. 결국, 질문 기반 리더십은 참여와 협업을 통한 혁신의 동력을 창출하는 중요한 요소로 작용한 것이었다.

결론적으로, 삼성의 성공적인 혁신은 단순히 기술적 우위뿐만 아니라, 질문을 기반으로 한 조직 문화와 의사소통 방식의 혁신에서 비롯된 것이다.

현대자동차 팀 리더들은 자율주행차 기술 개발 과정에서 "**우리는 사람들에게 더 안전하고 신뢰할 수 있는 자율주행차를 어떻게 제공할 수 있을까?**"라는 질문을 던졌다. 이 질문은 기술적 문제 해결을 넘어, 고객의 신뢰를 얻는 것이 중요한 과제임을 상기시키는 핵심적 요소로 작용했다. 이러한 질문은 팀원들에게 기술적 접근뿐만 아니라 소비자의 입장에서 문제를 바라보도록 유도했고, 그 결과 현대차의 자율주행 기술은 2023년 글로벌 경쟁력 평가에서 상위권에 올랐다.

현대자동차의 리더들은 잘 설계된 질문을 통해 팀원들의 창의력을 끌어냈고, 문제 해결의 새로운 방안들을 모색하도록 유도했다. 질문리더십이 팀원들에게 책임감을 부여하고 창의적 사고를 끌어내는 역할을 한 것이다.

예를 들어, 자율주행 기술의 안전성 문제를 해결하기 위해 리더가 "이 기술의 취약점은 무엇인가?" 또는 "어떻게 하면 더 안전한 자율주행 차량을 개발할 수 있을까?"라는 질문을 던졌을 때, 팀원들은 보다 적극적으로 의견을 제시하고 혁신적인 아이디어를 제안하게 되었다. 또한, 질문을 통한 커뮤니케이션은 팀 내 신뢰를 증진하고, 다양한 배경을 가진 팀원들이 자신의 전문성을 발휘할 수 있는 환경을 조성하는 데 기여했다.

결론적으로, 열린 질문이 팀원 간의 협업을 촉진하고 각자의 지식을 융합하는 데 결정적인 역할을 했다. 이는 현대자동차가 글로벌 시장에서 자율주행 기술 분야의 선도자로 자리매김하는 데 기여한 중요한 요소로 평가할 수 있다.

질문이 단순한 의사소통 수단에 그치지 않고, 팀의 창의성과 문제 해결 능력을 극대화하는 중요한 도구로 작용했다는 점은 한국의 많은 기업에도 큰 교훈이 될 수 있을 것이다.

LG화학은 지속 가능한 경영(ESG)을 실천하기 위해 리더들이 팀원들에게 "우리가 환경에 미치는 부정적인 영향을 어떻게 줄일 수 있을까?"라는 질문을 던졌다. 이 질문은 환경 규제 준수를 넘어서, 팀원들이 더 나은 해결책을 찾도록 유도하였다. 질문을 통해 팀원들이 새로운 친환경 제품을 개발하는 데 집중할 수 있었고, 이는 지속 가능한 경영에서 세계적인 성과를 이루는 데 기여했다. ESG 경영과 관련하여 LG화학은 다음의 4가지 방식의 질문리더십을 적용하였다.

첫째, 문제의 인식이다. 프로젝트 시작 단계에서, 각 팀원은 현재 환경 문제와 시장의 필요를 명확히 이해하기 위한 질문을 제기하였다. 예를 들어 **"이 제품이 우리 환경에 미치는 영향은 무엇인가?"** 또는 **"소비자들이 원하는 특성을 갖춘 제품은 어떤 것인가?"**와 같은 질문들이 포함된다.

둘째, 아이디어 브레인스토밍이다. 문제를 인식한 후, 팀원들이 다양한 해결책과 아이디어를 제안할 수 있도록 유도한다. 이 단계에서는 모든 의견이 중요시되며, **"이런 소재를 사용할 수 있을까?"**, **"다른 산업에서의 성공 사례는 무엇인가?"**와 같은 질문들이 이어진다.

셋째, 프로토타입의 개발이다. 제안된 아이디어 중 몇 가지를 선정하여 프로토타입을 개발하는 단계에 들어간다. 이때, 질문의 형태는 **"이 프로토타입이 예상한 성능을 제대로 발휘할 수 있는가?"** 등으로 변한다. 이를 통해 제품의 실용성과 시장성을 검증하는 작업이 진행된다.

넷째, 피드백과 수정이다. 프로토타입을 제작한 후, 팀원들은 실제 사용자의 피드백을 받아 제품 개선 과정을 거친다. 여기에서 팀원들은 **"사용자들은 어떤 점에서 불편함을 느끼고 있는가?", "후속 제품 개발 시 어떤 기능을 강화해야 할까?"** 라는 질문을 바탕으로, 지속적으로 수정해 나간다.

LG화학의 질문 중심 접근론은 3가지 긍정적인 결과를 가져왔다고 할 수 있다.

- **창의적 제품 개발**

  질문을 통해 다양한 아이디어가 도출되었고, 기존 시장의 틈새를 잘 파악하여 새로운 친환경 제품을 성공적으로 개발하였다. 이는 LG화학의 지속 가능한 성장에 크게 기여하였다.

- **팀워크의 강화**

  팀원들이 서로의 의견을 존중하며 활발하게 소통하는 환경이 조성되었다. 질문을 통해 서로의 아이디어에 대한 피드백을 주고받음으로써, 팀워크와 동기 부여가 향상하였다.

- **시장 대응력 개선**

  실제 사용자 피드백을 바탕으로, 지속적으로 제품을 개선할 수 있는 역량이 강화되어, 빠르게 변화하는 시장 요구를 반영한 제품 혁신이 가능해졌다.

결론적으로, LG화학의 질문리더십은 단순히 환경 문제를 해결하는 데 그치지 않고, 팀원들의 참여와 창의력을 극대화하며 지속 가능한 제품 개발로 나아가는 효과적인 방법론으로 자리 잡게 되었다. 이 접근 방법은 향후 기업 경쟁력 강화에도 크게 기여를 할 것으로 기대된다.

■ 질문을 통한 빠른 성장! 중국의 기업 사례 ■

중국의 화웨이는 질문을 통해 빠르게 성장한 기업 중 하나이다. 글로벌 시장에서 빠르게 성장하기 위해 화웨이의 리더들은 "**우리는 어떻게 하면 더 혁신적인 5G 기술을 개발할 수 있을까?**"라는 질문을 통해 팀원들이 글로벌 기술 시장에서 차별화된 기술을 개발하도록 격려했다.

화웨이는 5G 시장에서 글로벌 경쟁력을 확보하는 데 질문리더십이 결정적인 기여를 했으며, 매출이 급성장하는 결과를 낳았다. 여러 실증연구에서 밝혀진 화웨이의 질문리더십과 관련한 주요한 핵심은 다음과 같다.

- 리더십에서 질문 중심의 문화가 자리 잡고 있다. 경영진은 팀원들에게 열린 질문을 던짐으로써 스스로 문제를 해결할 수 있는 능력을 키워주고, 이를 통해 직원들은 창의성과 자율성이 향상된다. 이러한 문화는 혁신을 촉진하고, 신제품 개발 과정에서도 중요한 요소로 작용하고 있다.

- 화웨이는 질문리더십을 통해 고객의 피드백을 적극적으로 반영하여 제품과 서비스를 개선하고 있다. 고객의 목소리를 존중하는 조직 문화를 구축함으로써, 기업은 신뢰를 쌓고 충성도 높은 고객을 유지하고 있으며 이러한 고객 중심의 전략은 매출 증대에 크게 기여했다.

결국, 화웨이는 질문리더십을 통해 글로벌 5G 시장에서의 경쟁력을 유지하고 매출 성장을 이루었다. 이는 화웨이가 수년에 걸친 미국의 제재에도 불구하고 기술 혁신과 고객 지향 접근 방식을 통해 자립적이고 지속적인 성장을 이뤄내는 밑바탕이 되었다.

중국의 알리바바도 전자상거래와 클라우드 기술 분야에서 질문리더십을 활용해 디지털 혁신을 이끌었다. 알리바바의 리더들은 "**어떻게 하면 더 많은 고객에게 디지털 서비스를 제공할 수 있을까?**"라는 질문을 통해 팀원들이 새로운 디지털 솔루션을 개발하도록 독려했다.

질문리더십은 알리바바가 중국과 아시아 시장에서 디지털 전환을 선도하게 한 주요 요인으로 작용했고 중요한 핵심은 다음과 같다.

- 질문 중심 리더십과 문화의 조성이다. 알리바바의 리더십 팀은 직원들에게 문제를 해결하기 위한 질문을 적극적으로 던지는 문화를 조성했다. 이는 문제의 본질을 파악하고, 창의적인 솔루션을 끌어내는 데 도움이 되었으며, 직원들이 스스로 생각하고 발언할 수 있는 환경을 만들어 주었다.

- 디지털 전환의 성공적인 추진이다. 알리바바는 질문리더십을 통해 AI, 빅데이터, 클라우드 컴퓨팅 등을 활용하여 디지털 전환을 가속화했다. 예를 들어, 알리바바는 고객 데이터 분석을 통해 소비자의 행동을 이해하고, 이를 기반으로 맞춤형 서비스를 제공함으로써 고객의 만족도를 극대화했다.

- 업종 간 융합 및 생태계 구축이다. 알리바바는 전자상거래뿐만 아니라 클라우드 서비스, 금융 서비스, 물류 등 다양한 분야의 생태계를 구축하였다. 이는 각 영역에서 질문리더십 덕분의 시너지를 발휘할 수 있는 전략적 통합이 가능했음을 보여준다.

결론적으로, 알리바바의 질문리더십을 통한 디지털 전환의 접근 방식은 단순한 경영 기술을 넘어 직원들의 자율성과 창의성을 키우는 데 기여하였으며, 기업의 혁신적 문화 조성에 핵심적인 역할을 하였다. 알리바바의 사례는 다른 기업들이 디지털 전환을 추구하며 더욱 신속하게 변화하는 시장 환경에 적응하는 데 유용한 교훈을 제공한다고 할 수 있다.

■ 구글의 질문 기반 리더십과 혁신 성과 ■

구글의 질문리더십을 통해 창의성과 성과를 끌어내는 대표적인 글로벌 기업이라고 할 수 있다. 구글의 리더들은 팀원들에게 "**이 문제를 해결하기 위해 더 나은 방법은 무엇일까?**"와 같은 질문을 자주 한다. 이러한 질문은 팀원들이 기존의 방식에서 벗어나 새로운 해결책을 모색하도록 자극하며, 성과 향상에 기여한다.

구글은 질문 기반 리더십을 도입한 이후 혁신 성과가 꾸준히 증가하였다. 구글의 리더들은 팀원들이 스스로 문제를 정의하고, 창의적인 솔루션을 제시하도록 유도하는 질문을 던짐으로써, 직원들의 참여도와 몰입을 높였다. 이러한 방식은 단순히 정보를 지시하거나 전달하는 것이 아니라, 직원들이 자기 생각을 자유롭게 표현하고 새로운 아이디어를 탐구할 수 있는 환경을 조성하는 데 기여하였다.

또한 질문 기반 리더십은 팀 내 협력과 소통을 향상했는데 구글의 팀원들은 서로에게 질문을 던지고, 이를 통해 다양한 관점을 공유하는 과정에서 더 혁신적인 아이디어를 도출할 수 있었다. 이러한 비판적 사고의 증진은 새로운 제품 개발 및 시장 확장과 같은 중요한 성과로 이어졌다.

질문을 통해 직원들의 자율성을 높이고, 조직 내에서 혁신 문화를 조성하는 것은 현대 비즈니스 환경에서 경쟁력을 유지하기 위한 핵심 전략이 될 것이다.

■ 아마존의 질문을 통한 소통과 성과 창출 ■

아마존은 오랜 시간 동안 고객 중심의 문화를 강조해 왔으며, 이를 바탕으로 다양한 혁신적 서비스와 제품을 추진해 왔다. 또한 질문을 중심으로 한 소통으로 팀원 간의 협력을 강화하고 더 나은 아이디어를 창출하였다. 아마존의 리더들은 직원들에게 질문을 통해 자율성을 부여하고, 팀원들이 더 적극적으로 문제를 해결하도록 유도했던 것이다.

결국, 아마존은 질문 기반 혁신 전략을 통해 매출이 가파르게 증가하는 성과를 달성하였고 이러한 성장은 단순히 매출 수치를 넘어서, 아마존이 기술 시장에서 경쟁력을 유지하는 데 핵심적인 역할을 했다. 특히, 아마존 웹 서비스(AWS)와 같은 고수익 경로의 발전에 크게 기여했다.

아마존의 질문 기반 리더십은 팀원들이 자기의 의견을 자유롭게 표현하도록 장려하며, 문제에 대한 접근 방식도 창의적으로 해결할 수 있도록 도왔다. 아마존 프라임 서비스나 알렉사가 그러한 혁신적인 사례이며, 아마존 다수의 혁신 제품이 이러한 질문 기반의 과정을 통해 탄생하게 되었다. 팀원들이 제안한 다양한 질문들이 구체적인 서비스로 발전하게 된 과정을 보여주었다.

상황별 최적의 질문 기법과 유형:
열린 질문과 닫힌 질문

리더의 질문은 형태에 따라 사고와 행동에 미치는 영향이 다르다. 열린 질문은 팀원들이 더 자유롭게 사고하고 다양한 해결책을 제시하도록 자극하는 반면, 닫힌 질문은 명확한 답을 요구하여 문제 해결의 범위를 좁힌다.

12장에서는 리더의 질문과 관련한 사회과학 이론들을 알아보고 열린 질문과 닫힌 질문의 차이점과 효과를 분석하며 이를 활용한 성과 창출 전략을 소개하고자 한다.

■ 복잡성 이론과 리더의 질문 ■

현대 조직은 매우 복잡하고 역동적이며, 예측 불가능한 요소들이 상호작용을 하는 체계다. 이런 상황에서 리더가 모든 문제를 직접 해결하는 것은 불가능하다. 대신, 리더는 팀원들이 스스로 문제를 발견하고 해결할 수 있도록 질문을 던져야 한다.

리더의 질문은 복잡성 이론과 밀접하게 연관되어 있다. 랄프 스테이시(Ralph Stacey) 교수는 오랜 기간의 연구를 통해 복잡한 환경일수록 팀원들의 자율적 사고를 촉진하고, 조직이 변화에 신속하게 대응할 수 있도록 해야 한다고 주장했다.

복잡성 이론은 다양한 요소들이 복잡하게 상호작용을 하는 시스템을 이해하고 설명하는 학문 분야다. 조직 관리와 전략에 적용한 선구적인 학자로 알려진 스테이시 교수는 조직을 '복잡한 반응 과정(complex responsive processes)'으로 이해하며, 조직 내 상호작용과 관계의 동적 본질을 강조했다.

그의 연구는 전통적인 시스템 사고에서 벗어나, 조직을 개별 구성원 간의 상호작용을 통해 끊임없이 변화하고 적응하는 생명체로 바라보는 데 초점을 맞추고 있다.

이 이론은 기본적으로 시스템 이론과 카오스 이론의 결합으로 이해할 수 있다. 주로 사회과학, 물리학 등 여러 분야에서 적용되며, 각 분야에서의 시스템은 다양한 관계와 요소의 상호작용으로 구성되어 있다. 복잡성 이론은 이러한 시스템의 행동을 간단히 예측하거나 설명하기 어려운 이유를 제공한다.

시스템 이론은 여러 부분이 모일 때 구성 요소 간의 관계와 그 결과는 상호작용에 의해 형성된다는 점을 강조한다. 카오스 이론은 시스템 내의 작은 변화가 예기치 못한 결과를 가져올 수 있다는 '나비효과'와 같은 개념을 통해, 불안정성과 예측 불가능성을 다룬다.

예를 들어, 한 의학교육 프로그램을 평가할 때 복잡성 이론은 참가자와 참가자 간의 관계, 교육 환경, 그 환경이 참가자에게 미치는 영향을 모두 고려해야 한다. 각 요소는 서로 연결되어 있으며, 단순히 각 요소의 특성을 살펴보는 것만으로는 시스템의 작동 방식이나 성공 여부를 이해하기 어렵다.

복잡성 이론은 여러 분야에서 응용된다. 예를 들어, 교육자들은 복잡한 교육적 사건을 지나치게 단순한 모델에 의존하지 않고, 여러 요소의 관계를 고려하여 이해해야 한다고 강조한다. 이는 명확한 목표 설정과 효과적인 의사결정을 달성하는 데 도움이 된다. 결론적으로, 복잡성 이론은 주어진 환경과 요소 간의 상호작용을 통해 복잡한 현상을 바라보도록 하여, 더 나은 이해와 해결책을 제시하는 데 크게 기여하고 있다.

이러한 이론적 발견은 다양한 문제 해결에 있어 창의적이고 혁신적인 접근법을 촉진하고, 시스템을 바라보는 시각을 확장하는 데 도움을 준다.

■ 미래 지향적 사고 이론과 리더의 질문 ■

미래 지향적 사고 이론은 리더의 질문이 기존의 패러다임을 넘어서 팀원들이 새로운 비전을 제시하도록 돕는 역할을 한다. 즉, 질문 리더십은 변화와 혁신을 주도하는 데 있어 필수적인 도구로서 미래의 도전을 준비하고 새로운 기회를 발견할 수 있는 창의적 사고를 자극한다.

미래 지향적 사고 이론은 개인이나 조직이 미래에 대해 어떻게 생각하고 대응하는지를 설명하는 심리학적 및 사회적 개념이다. 개인이 현재의 경험을 바탕으로 미래의 가능성을 예측하고, 이를 통해 자기 결정과 목표 설정을 하는 방식에 중점을 둔다. 즉, 미래 지향적 사고는 현재의 행동과 결정을 미래의 결과와 연결하는 과정으로, 이는 개인이 원하는 미래를 실현하기 위해 필요한 전략을 세우고 실행하는 데 중요한 역할을 한다.

이러한 사고방식은 목표 달성을 위한 비전 설정 및 장기적인 계획과 밀접하게 연관되어 있으며 개인은 미래의 잠재적 결과를 고려하여 현재의 선택을 최적화할 수 있다. 미래 지향적 사고의 주요 핵심 요소는 4가지라고 할 수 있다.

① 목표 설정

개인이나 조직이 미래에 이루고자 하는 목표를 설정하며, 이를 구체화하고 우선순위를 정하는 과정으로 목표는 동기부여와 지속적인 발전을 촉진한다.

② 예측과 계획

미래 가능성을 예측하고 이에 대한 계획을 수립하여, 변화하는 환경에 유연하게 대응할 수 있는 전략을 마련한다. 이때, 다양한 시나리오를 고려하는 것이 필수이다.

③ 자기 조절

미래 지향적 사고는 개인의 통제권과 자율성을 증진해 주며, 이는 긍정적인 정서와 높은 삶의 만족도와 연결된다. 지속적인 자기 점검과 피드백을 통해 개인은 현재의 행동을 조정함으로써 장기적 목표를 단계적으로 설정할 수 있다.

④ 스트레스 관리

미래에 대한 긍정적인 기대는 스트레스를 관리하는 데 도움을 준다. 미래 지향적 사고를 하는 개인은 스트레스를 조기에 인식하고 이를 효과적으로 대처할 수 있는 능력을 개발한다.

이러한 미래 지향적 사고방식은 조직과 개인 생활 등 다양한 분야에서 실행하고 있으며, 개인의 목표 설정 및 자기 계발에서도 미래

지향적 사고가 핵심적인 역할을 한다. 예를 들어, 조직에서는 구성원의 리더십과 팀워크를 향상하는 데 기여할 수 있다.

결론적으로, 미래 지향적 사고방식은 개인의 삶을 보다 의미 있게 만들고, 목표를 달성하기 위한 동기를 부여하는 데 필수적이다. 이는 현재를 어떻게 대처하여 미래를 예측하고, 준비할 것인지에 대한 깊이 있는 이해와 실행을 요구한다. 개인과 조직 모두가 이 이론을 통해 복잡한 현대 사회에서 지속 가능한 발전을 추구할 수 있다.

■ **열린 질문과 닫힌 질문의 이론적 분석** ■

질문 이론은 대화와 인터뷰 등에서 질문을 효과적으로 구성하고 활용하는 방법에 대한 이론적 접근 방식이다. 이는 질문이 정보 수집, 피드백, 의견 교환 등 다양한 목적을 위해 어떻게 설계되고 사용하는지를 이해하는 데 중점을 둔다. 또한, 효과적인 질문을 통해 개인의 성장과 코칭 등 다양한 분야에서 중요한 역할과 결과를 얻을 수 있음을 강조한다.

이론에 따르면, 열린 질문은 팀원들이 창의적 사고를 하도록 유도하는 데 매우 효과적이고, 닫힌 질문은 명확한 답을 요구하여 문제 해결 과정에서 신속한 결정을 내릴 수 있도록 돕는다. 이 두 가지 질문 방식은 상황에 따라 다른 효과를 발휘하며, 리더는 상황에 맞는 질문 유형을 적절히 사용함으로써 팀의 성과를 극대화할 수 있다.

이와 관련해서 창의적 문제 해결 이론은 열린 질문이 새로운 아이디어를 도출하고 혁신을 촉진하는 데 중요한 역할을 한다고 설명한다. 반면, 결정적 사고 이론은 닫힌 질문이 신속한 문제 해결을 위해 필요한 정보를 빠르게 확보하는 데 효과적이라고 분석하였다.

창의적 문제 해결 방법의 대표적인 적용 사례는 분리와 추출의 원리를 적용한 다이슨의 날개 없는 선풍기와 홈바 문제를 해결한 삼성전자의 양문형 냉장고이다. 이처럼 창의적 문제 해결 방법은 혁신적인 솔루션을 개발하는 데 활용되었다.

참고로 결정적 사고 이론은 의사결정 이론의 한 분야로 합리적이고 효과적인 의사결정 방식이다. 샌프란시스코 경찰국이 경영과학을 적용하여 순찰 경찰 배치를 위한 스케줄링 시스템을 개발한 것이 좋은 사례이다. 경찰국 관계자는 이 시스템으로 520만 달러의 비용을 절감하고, 경찰관들의 근무 여건과 생산성을 향상했으며, 신고 전화에 대한 출동 시간을 단축했다. 아울러 치안 서비스의 질이 향상됐다고 밝혔다.

시스템의 핵심은 시계열 분석과 지리정보 분석이다. 범죄 발생 시간과 장소를 정밀하게 분석해 '범죄 지도'를 작성하고, 이를 바탕으로 효율적인 순찰 경로를 설정하였다. 예측 정확도는 무려 70%가 넘었다.

질문 이론에 관한 연구는 여러 학자에 의해 진행되어 왔으며, 그중에서 특히 피터 바울리(Peter P. Mael)가 개발한 '질문 유형 이론'은 질문의 구조와 맥락에 따라 다르게 반응하는 인간 행동에 초점을 맞추었다. 또한, 질적 연구에서 잘 알려진 마일즈와 해버먼(Miles and Huberman)의 연구 방법론은 질문의 유형과 응답의 질적 분석을 강조하며, 질문 이론의 기초가 되었다.

연구는 소비자의 심리와 만족도를 파악하기 위해 설문지를 활용했다. 예를 들어, 특정 제품에 대한 소비자의 인식을 조사할 때 폐쇄형 질문으로 응답률을 높여 표준화된 데이터를 수집하고, 개방형 질문을 통해 깊이 있는 피드백을 얻을 수 있다.

이러한 질문 유형의 차이는 응답자에게 편리함을 주거나, 더 깊은 사고를 유도하게 된다. 또한, 최근에는 AI를 활용한 질문 응답 시스템도 대두되고 있다.

'Question AI'은 사용자의 질문과 다양한 작업을 지원하는 다목적 AI이다. 이 플랫폼은 질문을 입력하면 즉각적이고 정확한 답변을 제공함으로써 학습 효율성을 높이고 있다. 사용자가 원하는 형태의 질문을 입력하면 140개 이상의 언어를 실시간으로 번역해 커뮤니케이션이 가능하도록 지원하고 있어 전 세계적으로 접근성을 높이고 있다.

질문 이론은 질문과 응답의 관계를 넘어 효과적인 커뮤니케이션과 정보 수집의 구조를 탐구하는 것이다. 다양한 질문 유형과 그에 따른 적절한 응답 기술을 이해함으로써, 연구자와 기업은 더욱 효과적으로 정보를 수집하고 분석할 수 있다. 이러한 관점에서 질문 이론은 연구, 마케팅, 교육 등 여러 분야에서 중요성이 계속해서 증가하고 있다.

전문가들에 따르면, 리더가 상황에 따라 열린 질문과 닫힌 질문을 적절히 혼합할 때, 팀의 성과가 향상되었다. 즉, 열린 질문(예: 이 문제에 대해 여러분의 생각은 무엇인가요?)은 팀원들이 스스로 생각하고 의견을 나누는 데 도움을 주며, 닫힌 질문(예: 이 문제의 해결책으로 A를 선택하겠습니까, 아니면 B를 선택하겠습니까?)은 간결하고 빠른 의사결정을 유도하여 팀의 효율성을 높였다. 특히, 열린 질문은 팀원들 사이의 상호작용을 높이고, 보다 다양한 아이디어가 나오는 데 기여한 반면, 닫힌 질문은 신속한 의사결정을 가능하게 하여 발전 속도를 높였다.

또한 리더가 팀원의 피드백을 적극적으로 받아들이고, 지속적인 개선 과정을 거치면서 팀의 몰입도를 높여 성과 면에서 크게 향상할 수 있다. 이는 리더가 열린 소통을 통해 팀원들의 의견을 중요하게 여기고, 이를 기반으로 향후 문제 해결 방안을 모색하는 데 큰 의미가 있음을 보여주는 것이다.

결론적으로, 리더십에서 질문 기법은 단순한 커뮤니케이션 도구를 넘어서서, 팀의 성과와 몰입도에 직접적인 영향을 미치는 결정적인 요소로 평가해야 한다.

■ 초거대 기업들의 혁신을 위한 열린 질문과 닫힌 질문 ■

테슬라는 열린 질문을 통해 전기차 산업에서 혁신을 이루어낸 기업이다. 일론 머스크는 "**우리는 이 기술을 더 효율적으로 사용하여 비용을 절감할 방법은 무엇일까?**"라는 질문을 통해 팀원들이 기존의 생각에서 벗어나 새로운 해결책을 찾을 수 있도록 자극했다.

테슬라는 열린 질문을 통해 생산 비용을 절감하는 데 성공했으며, 이를 통해 더 경쟁력 있는 제품을 시장에 내놓을 수 있었다. 테슬라의 주요 리더들은 열린 질문을 더 많이 활용했을 때 팀의 참여도와 창의성이 많이 증가한 것을 발견했다.

일반적으로 열린 질문은 응답자가 자기 생각을 자유롭게 표현할 수 있도록 하여, 더 자발적이고 혁신적인 아이디어를 유도한다. 이는 전체 팀의 문제 해결 능력과 협업 효율성을 향상하는 결과로 이어진다. 반면에, 닫힌 질문도 상황에 따라 적절히 사용함으로써 우선순위를 설정하고 자원을 효율적으로 배분하는 신속한 결정을 할 수 있도록 했다. 이러한 질문 기법의 혼합 사용은 팀이 변화하는 시장 환경에 더욱 효과적으로 대응할 수 있게 한다.

테슬라의 사례는 열린 질문 사용이 팀 내 커뮤니케이션과 성과 향상에 중요한 역할을 할 수 있음을 보여준다. 이는 테슬라가 전기차 시장에서 혁신적인 경쟁력을 지속적으로 유지하기 위한 전략적인 방법이기도 하다. 이러한 접근 방식은 각 산업에 걸쳐 널리 적용될 수 있는 리더십 및 팀 관리의 교훈으로, 많은 기업이 자신의 조직 문화와 커뮤니케이션 방식을 재조명해야 할 필요성을 느끼게 한다.

SK하이닉스는 닫힌 질문을 통해 더 신속하게 문제 해결 속도를 향상할 수 있었으며, 이를 통해 생산성을 극대화했다. 특히, 팀원들이 각자의 의견이나 아이디어를 표명하는 데 드는 시간을 최소화하고, 빠른 의사결정이 이루어질 수 있도록 지원하는 데 효과적이었다.

팀원들이 닫힌 질문을 활용함으로써 보다 명확한 목표를 설정하고, 그에 따라 체계적인 행동을 한 것으로 나타났다. 예를 들어, "**이 해결책이 효과적이라고 생각하나요?**"와 같은 질문은 팀원들이 빠르게 결정을 내리고 다음 단계로 넘어갈 수 있도록 도와주었다. 이는 특히 긴급한 문제를 해결해야 하는 상황에서 생산성 향상에 기여하는 중요한 요소로 작용했다. 또한, 이러한 질문 방식은 팀원 간의 상호작용을 구조화하고, 필요한 경우 추가적인 열린 질문을 통해 더 깊이 있는 논의를 이어갈 수 있는 기반을 마련했다.

닫힌 질문을 통해 빠른 의사결정을 끌어내고, 그 결과로 생산성과 효율성을 극대화하는 전략은, 특히 고속으로 변화하는 기술 환경이나 긴급한 프로젝트에 적합한 접근 방식이라 할 수 있다. 이러한 성과는 SK하이닉스가 기술 혁신뿐만 아니라 운영 효율성을 향상하는 데도 중요한 기여를 할 것으로 기대된다.

현대자동차는 열린 질문과 닫힌 질문을 혼합하여 성과를 극대화하는 전략을 사용하고 있다. 이러한 질문 혼합 전략은 현대자동차가 디자인 혁신과 생산성 향상 모두에서 성공을 거두는 데 중심 역할을 했다.

현대자동차의 리더들은 **"우리는 어떻게 하면 더 창의적인 디자인을 구현할 수 있을까?"** 와 같은 열린 질문을 통해 팀원들의 창의적 사고를 자극하는 동시에, **"이 디자인을 구현하는 데 예산이 가장 중요한가?"** 라는 닫힌 질문을 통해 실질적인 문제 해결을 유도했다.

열린 질문은 팀원들이 자유롭게 의견을 제시하고, 새로운 아이디어를 도출할 수 있는 환경을 조성했고, 닫힌 질문은 의사결정을 신속하게 내릴 수 있도록 도와주었다.

이러한 접근은 문제를 신속하게 파악하고 해결하는 데 크게 기여했다. 예를 들어, 디자인 팀은 "**이 아이디어가 고객의 요구를 충족한다고 생각하는가?**"와 같이 닫힌 질문을 사용하여 빠른 피드백을 받아 정확한 방향으로 나아갈 수 있었다. 또한, 열린 질문을 통해 "**이 디자인의 장점은 무엇인가?**"라는 질문으로 팀원들의 다양한 의견과 관점을 반영한 혁신적인 디자인을 출시할 수 있었다.

결과적으로, 현대자동차는 이러한 질문 기법을 통해 디자인 품질을 높이고, 제품 출시 시간을 단축하여 생산성이 향상하였다. 현대자동차의 '싼타페 하이브리드'는 독일의 자동차 전문 매거진 『아우토 자이퉁』에서 실시한 비교 평가에서 1위를 차지하며, 동급 모델 대비 우수한 성과를 입증했다.

질문 혼합 전략은 현대자동차가 세계 시장에서 경쟁력을 유지하고 성장하는 효과적인 방법이 되었으며, 지속적으로 발전할 수 있는 기반을 마련한 것으로 평가된다.

■ 변혁적 리더십을 위한 리더의 질문 ■

질문리더십은 단순히 현재의 문제를 해결하는 것에 그치지 않고, 미래의 변화를 예측하고 끌어가는 데 근본적인 역할을 한다.

질문리더십이 어떻게 미래 지향적인 조직을 만들고, 리더가 어떤 질문을 통해 변화와 혁신을 주도할 수 있는지를 최신 조직 이론과 다양한 기업 사례를 통해 구체적으로 확인하고자 한다.

리더의 질문은 변혁적 리더십을 위한 매우 중요한 구성 요소로, 팀원들의 사고를 자극하고, 스스로 변화를 주도하도록 이끄는 리더십 방식이다.

버나드 바스(Bernard Bass) 교수와 브루스 아볼리오(Bruce Avolio) 교수의 연구에 따르면, 변혁적 리더는 질문을 통해 팀원들이 미래의 다양한 가능성을 탐색하게 하고, 그들이 창의적인 아이디어를 끌어내도록 자극한다. 이 과정에서 팀원들은 자신이 조직의 미래를 형성하는 데 중요한 역할을 하고 있다는 자부심을 느끼게 된다고 강조하였다.

바스와 아볼리오 연구팀은 변혁적 리더십의 하위 요인을 정의하고, 이를 통해 팀원들의 참여와 창의성을 끌어내는 방법론을 제안했다. 이들은 여러 조직과 다양한 산업에서 변혁적 리더십을 연구하였으며, 실험 설계, 사례 연구, 설문조사 등의 방법을 통해 수집한 데이터를 분석하였다. 특히, 그들은 리더의 질문이 팀의 동기와 창의성에 미치는 영향을 살펴보았으며, 다양한 질문 기법의 효과를 측정하기 위한 통계적 분석을 진행하였다.

연구의 내용 중 하나는 구성원의 개별적 배려와 지적 자극이 중요한 역할을 한다는 점이었다. 변혁적 리더는 각 팀원의 능력과 욕구를 이해하고, 그에 맞는 맞춤형 질문을 던짐으로써 팀원들이 자신의 업무에 대해 자신감과 신뢰감을 키울 수 있도록 돕는다.

바스와 아볼리오 교수의 연구 핵심 결과는 변혁적 리더가 팀원들에게 던지는 질문이 그들의 사고방식을 변화시키고, 기존의 틀을 넘어 새로운 접근법을 모색하게 한다는 점이다. 이를 통해 팀원들은 더 높은 수준의 창의성을 발휘하게 된다는 것이다. 연구팀은 변혁적 리더의 행동적 요인에 대해서는 4가지로 정의할 수 있다.

첫째, 이상적 영향력이다. 리더는 신뢰를 바탕으로 팀원들에게 영향을 미치고, 그들이 리더와 동일시되도록 동기를 부여한다.

둘째, 영감적 동기화이다. 리더는 미래에 대한 긍정적인 비전을 공유하고, 팀원들이 도전적으로 목표를 달성하도록 유도한다.

셋째, 지적 자극이다. 리더는 팀원들에게 기존의 문제를 재구성하고 새로운 접근 방식을 제안하게 하여 창의적인 사고를 촉진한다.

넷째, 개별적 배려다. 리더는 팀 구성원 각각의 특성을 이해하고, 그들이 성장할 수 있도록 지원하는 역할을 한다.

이런 요인들은 변혁적 리더십이 긍정적인 결과를 끌어내는 데 기여하며, 특히 팀원들의 직무 만족도를 높이게 된다. 식의 결과로 해석되었다.

결론적으로, 바스와 아볼리오의 연구는 변혁적 리더십이 조직 내에서 긍정적인 변화를 어떻게 끌어낼 수 있는지를 분석하고 명확하게 밝혔다. 팀원이 창의적인 사고를 발전할 수 있도록 하는 리더의 질문에 중요성을 강조하였고, 이는 현재 많은 조직에서 활용하고 있는 변혁적 리더십의 기초가 되었다.

변혁적 리더의
맞춤형 질문

■ 리더의 맞춤형 질문 전략과 카이젠(Kaizen) ■

프랑스의 르노는 자동차 산업에서 전기차로의 전환을 추진하면서 질문리더십을 적극적으로 도입했다.

"우리는 어떻게 하면 많은 고객이 전기차를 선택하도록 만들 수 있을까?"라는 질문은 르노의 전기차 전략을 주도했고, 이를 통해 르노는 유럽 전기차 시장에서 중요한 위치를 차지하게 되었다.

르노의 질문 중심 전략은 고객과의 관계를 혁신적으로 변화시켜 전기차 판매에 크게 기여했다. 개별 고객에게 맞춤형 질문을 던짐으로써 고객의 선호와 요구를 명확히 이해하고 고객의 니즈를 파악해 원하는 제품을 제공한 것이 핵심적인 요소로 작용한 것이다.

르노의 '질문 중심 전략'의 핵심 요소들은 다음과 같다.

- 개별 맞춤형 질문이다. 판매원들은 고객의 생활 방식, 환경 인식, 전기차에 대한 기대 등을 파악하기 위한 질문을 사용하여, 고객이 실제로 원하는 차량의 특성을 정확하게 집어낼 수 있었다.

- 신뢰 형성이다. 판매원들은 고객과의 대화에서 깊이 있는 질문을 통해 신뢰를 쌓아가며, 고객들은 르노의 차량에 대해 긍정적인 인식을 형성하게 되었다. 이는 판매 성과에 긍정적인 영향을 미쳤다.

- 판매 전략의 혁신이다. 판매원들은 고객의 반응에 따라 전략을 즉시 조정하며, 더 효과적인 판매 방법을 만들어 나가는 방식이 판매량 증가에 기여했다.

결과적으로, 르노의 전기차 판매량은 증가했으며, 이러한 질문 중심의 접근법은 혁신적인 제품에서 소비자와의 신뢰를 쌓는 데 필수적인 요소로 작용했다.

르노의 전략 핵심은 고객의 목소리를 듣고 그에 적합한 질문을 던짐으로써 고객의 욕구를 충족시키는 것이었다. 단순히 기술적 혁신이나 마케팅 캠페인에 의존하기보다는, 고객과의 소통 방식을 창의적으로 변화시켜 성공을 거두었음을 보여준다. 이는 앞으로의 자동차 시장에서도 중요한 전략으로 자리 잡을 가능성이 높다.

카이젠 방식의 질문리더십으로 좋은 예는 일본의 자동차회사 도요타를 들 수 있다. 카이젠 방식은 일본의 경영 철학으로 '지속적인 개선'을 의미한다. 기본적으로 모든 구성원이 현장 진행 과정이나 작업을 개선하기 위해 변화를 지속적으로 실천하는 방법론이다.

도요타의 리더들은 **"우리는 이 공정에서 어떤 부분을 더 개선할 수 있을까?"**라는 질문을 통해 현장에서의 지속적인 개선을 독려했다. 이러한 질문을 통해 팀원들이 스스로 문제를 발견하고, 효율성을 극대화할 수 있는 방법을 찾도록 했다.

카이젠의 핵심은 '완벽한 방법은 없고, 더 나은 방법만 있다'는 철학에 뿌리를 두고 있다. 이는 현재의 시스템이나 방법이 항상 최선이 아니라는 인식을 바탕으로, 조금씩 개선해 나가자는 접근이다.

카이젠의 핵심 원칙은 3가지로 요약할 수 있다.

① 작은 변화의 중요성

카이젠은 큰 혁신보다는 사소한 개선을 반복적으로 이루는 것이 우선이다. 작은 변화들이 시간이 지나면서 큰 성과를 이룬다는 개념으로 이는 개인의 일상생활이나 직장 환경에서도 적용될 수 있으며, 일상적인 작업 흐름 개선, 생산성 향상 등에서 효과를 볼 수 있다.

② 모든 구성원의 참여

카이젠의 특징은 조직의 모든 구성원이 참여해야 한다는 점이다. 직원이 자신의 작업 영역에서 개선점을 찾아내고 제안하도록 독려함으로써, 조직 전체가 발전할 수 있는 기반이 마련된다. 이러한 참여는 직원들의 주인의식과 만족도를 높이는 데도 이바지한다.

③ 데이터 기반의 분석

카이젠은 단순히 감정이나 직관에 의존하는 것이 아니라, 데이터와 실증적인 결과에 기반하여 결정을 내리는 것이 중요하다. 이를 통해 어떤 변화가 실제로 효과적인지를 측정하고, 더 나은 개선 방향을 설정할 수 있다.

현재 많은 기업에서 카이젠 방법론을 채택하여 운영 효율성을 높이고 있다. 예를 들어, 제조업체에서는 생산 라인에서 불필요한 낭비를 줄이고, 품질을 개선하기 위한 다양한 방법들을 모색한다. 이러한 접근은 '린 생산(공급자와 소비자로부터의 응답 시간과 생산 체계 내에서 시간을 줄이는 것을 주된 목표로 하는 제조 방법)'과도 결합하여 널리 적용되며, 이는 제품의 가치 창출과 고객 만족을 동시에 이루려는 목표를 가지고 있다.

카이젠은 업무 개선뿐만 아니라 서비스, 경영 그리고 개인의 삶에도 적용할 수 있다. 가령, 건강 관리에서도 매일 조금씩 더 걷거나 건강한 식단을 선택하여 지속해서 실천하면 장기적으로 큰 변화를 이루는 것을 목표로 할 수 있다.

기업에서의 생산성을 향상하기 위한 도구로 사용하는 카이젠은 지속 가능한 발전과 개선 문화를 조성하고자 하는 철학적 접근이다. 이는 개인과 조직이 지속적으로 성장하고 발전하기 위한 필수적인 접근법으로 자리 잡고 있다.

카이젠 방식의 지속적인 질문을 통한 개선 과정은 도요타가 글로벌 자동차 시장에서 오랜 경쟁력을 유지하는 역할을 했다. 도요타가 고객과 임직원 모두에게 지속적으로 질문을 던짐으로써 얻은 몇 가지 주요 결과는 다음과 같다.

- **문제의 발견과 해결**

  도요타는 모든 직원이 문제를 식별하고 의견을 제시할 수 있는 '묻고 답하기'라는 문화 환경을 조성했다. 이는 제품 품질 개선뿐만 아니라 생산 공정의 효율성을 높이는 데 큰 역할을 했다. 예를 들어, 품질 검사 과정에서 직원들이 자주 질문을 던짐으로써 더 나은 솔루션을 찾고, 결함을 조기에 발견하여 생산성을 높였다.

- **조직 내 커뮤니케이션 증진**

  질문 중심의 접근법은 직원 간의 원활한 소통을 증진했다. 직원이 자기의 의견을 자유롭게 제시할 수 있는 환경은 팀워크와 협력을 강화하고, 이는 결국 고객의 니즈를 더 잘 반영할 수 있는 결과로 이어졌다.

- **고객 목소리의 경청과 요구의 실천**

  도요타는 단순히 제품을 판매하는 것을 넘어, 고객의 목소리를 지속적으로 들으며 고객의 기대를 초과하는 제품을 개발하려 노력했다. 고객과의 인터뷰를 통해 그들이 원하는 개선점을 구체적으로 파악하고, 이를 실제 제품 개선에 반영함으로써, 높은 고객 만족도를 유지하고 있다.

- **지속적인 혁신**

  도요타의 혁신 과정에 핵심은 질문이다. 끊임없는 질문은 새로운 아이디어를 발굴하고 기존 시스템을 개선하는 데 중요한 기초가 되었으며, 이에 따라 도요타는 시장의 변화에도 유연하게 대응할 수 있었다.

결론적으로, 작은 변화가 쌓여서 큰 결과를 가져올 수 있다는 점에서, 카이젠은 오늘날 빠르게 변화하는 환경에서도 여전히 유효한 원칙으로 쉽게 적용할 수 있다.

도요타가 지속적인 성공에는 질문을 통한 혁신 그리고 건강한 소통 문화의 구축이 매우 중요한 기반이 되었음을 인식해야 할 것이다.

소니 또한 제품 개발 과정에서 질문리더십을 적극 활용해 왔다. 소니의 리더들은 "우리는 **어떻게 하면 완전히 새로운 경험을 제공할 수 있을까?**"라는 질문을 던져 팀원들이 기존의 제품 틀을 넘어서 혁신적인 아이디어를 제안하도록 유도했다. 소니의 이러한 질문 기반 리더십은 플레이스테이션과 같은 혁신적인 제품으로 이어졌다.

소니는 '탈 전자'를 선언하고 지난 10년간 사업 구조를 대대적으로 개편했다. 이 과정에서 게임, 음악, 영화, 애니메이션 등 엔터테인먼트 비중을 60%로 늘렸고, 적극적인 M&A 전략을 통해 IP를 확대했다. 이러한 변화는 기존 사업 모델에 대해 끊임없이 질문하고 새로운 방향을 모색한 결과로 볼 수 있다.

소니의 성공 요인 중 하나는 엔터테인먼트 기업으로의 변화를 추구하면서도 기존 사업과의 접목 방안을 지속적으로 고민한 점이다. 이는 현재 상황에 안주하지 않고 끊임없이 질문하고 혁신을 추구하는 리더십의 결과로 해석할 수 있다.

참고로 소니의 부활과 성공은 히라이 가즈오(Hirai Kazuo) CEO의 리더십에 크게 기인한다. 히라이 가즈오의 리더십 철학 중 하나는 **"아는 척하지 않고 이견을 말하는 직원을 찾는 것, 이것이 리더의 역할이다."** 라는 것이다. 이는 질문을 장려하고 다양한 의견을 수용하는 리더십 스타일을 시사한다.

14

리더십의 완결은 소통이다

■ 리더의 소통은 절박한 미션 ■

지금까지 다양한 리더십 이론들이 연구되었지만, 사실 리더십의 완결은 소통이며 실천이라고 할 수 있다. 기업은 여러 조직으로 이루어져 있으며 그 기업 또한 우리 사회의 한 조직이 된다. 조직의 완전한 결합과 에너지는 소통으로만 극대화될 수 있으며 그것의 완벽한 집행을 위한 전제 조건은 다름 아닌 리더의 소통이다.

점점 다양해지고 급변하는 산업 사회에서 소통과 리더십에 대한 담론은 이제 감성적 필요에 따른 선택의 문제가 아니라 생존을 위한 절대적 과제가 되었다. 경제, 정치, 사회, 문화 모든 분야에서 급진적 변화를 겪는 이때 리더의 소통은 치열한 굶주림으로 맞닥뜨려야 하는 더욱 절박한 미션이 되었다.

리더의 소통을 소개하는 가장 기본적 개념은 조직 내 온라인과 오프라인을 융합해 성과를 최대한 높이고 사람 중심의 참여와 공유를 지향하는 것이다. 과거에는 군대식 계급 중심의 하향식 리더십으로 명령과 권위의 리더십이었다면, 소통리더십은 소통과 참여를 중시하며 합리적이고 구체적인 과정 중심의 리더십으로서 구성원 간의 협력과 존중을 촉진하는 것이다.

미래학자 존 나이스비트는 저서인 『메가트랜드』에서 21세기는 3F의 시대가 될 것이라고 주장했다. 3F는 Female(여성성), Feeling(감정), Fiction(상상력)이다.

▎Female

'Female'은 여성의 시대가 온다는 주장으로, 풀어보면 '21세기에는 저출산, 고령화 시대가 되며, 그동안 탄압받고 무시당하고 냉담했던 여성의 시대가 온다'는 것이다. 이는 여성성이 강조되고 극단적으로는 부계 사회에서 모계 사회로의 전환을 의미한다. 표면적으로 여성의 경제력과 주도권이 강화되며 정치·경제 등 모든 면에서 다양한 능력을 소유한 여성들의 왕성한 활동이 증대될 것이다.

여성은 일반적으로 남성보다 섬세하고, 유연한 소통 능력을 지녔으며, 위계질서보다는 조화를 중시하는 리더십을 갖추고 있다. 특히 소비 주도층으로서 여성들의 입지가 부각되면서 여성들의 취향과 감성에 맞는 상품과 서비스를 제공하기 위해 여성 특유의 리더십이 필요한 경우도 늘고 있다. 성별 다양성이 연령이나 직급의 다양성보다 구성원의 창의성에 더 긍정적인 영향을 미쳤다는 연구 결과도 있다.

이뿐만이 아니다. 미국의 경제전문지 포춘이 주요 글로벌 기업의 여성 임원 비율과 재무 성과를 비교한 결과 여성 임원 비율이 높은 상위 25%의 기업이 하위 25% 기업보다 더 좋은 실적을 낸 것으로 분석한 바 있다.

한국여성정책연구원의 발표에 따르면, 우리나라 대기업에서 정직원 1,000명 이상 기업의 임원 가운데 여성이 차지하는 비율이

4.7%로 집계되었다. 국내 최대 기업인 삼성전자도 여성 임원 수는 34명으로 전체의 1.9%에 불과하다. 이 같은 비율은 선진국에 비교하면 매우 낮은 수치다.

한 국제비영리기구가 세계 주요 대기업들을 대상으로 여성 임원 비율을 조사한 결과를 보면 노르웨이가 39.5%로 가장 높았다. 스웨덴과 핀란드가 그 뒤를 이어 각각 20%를 넘었고, 미국도 15.7%에 달하는 것으로 나타났다.

현재 고급 여성 인력의 역량과 중요성에 대해 부정하는 기업은 없다. 선진국 진입을 향한 우리나라의 마지막 자산은 고급 여성 인력임을 인식해야 한다. 여성의 역할과 영향력이 한 기업을 넘어 국가의 경쟁력이 되는 세상이 되었다.

▎Feeling

'Feeling'은 영어로 'Emotion'과 같은 의미로 감성, 감정, 감수성이라고 표현할 수 있다. 농업 시대에는 육체적 힘이 중요했고, 산업 시대에는 논리적 힘이 중요했지만, 21세기는 사람의 감성, 지적 능력이 더 중시된다. 이제는 소비자의 마음을 감성적으로 사로잡지 못하면 어떠한 것으로도 붙잡지 못한다는 것이다. 기업 마케팅으로 스토리텔링의 강력한 임팩트가 극명한 예이다.

인간의 정신 영역을 크게 두 가지로 나누어보면, 이성과 감성으로 나눌 수 있다. 사실 우리는 이성으로 이 세상을 살아가는 것 같지만 실제로 우리 삶을 지배하는 것은 바로 감성이다. 미국 프린스턴 대학교의 경제 심리학자 대니얼 카너먼(Daniel Kahneman) 교수는 경제적 의사결정 과정이 합리적 이성보다는 감정에 좌우된다는 연구 결과를 토대로 2002년 노벨경제학상을 수상했다.

그의 주장은 이성적 판단이 모든 의사결정을 좌우한다는 기존의 통념을 깬 것으로 비즈니스 영역에서도 소비자 감성이 합리적 설득보다 얼마나 중요한지를 보여주는 연구 결과라고 할 수 있다. 지금의 소비자는 과거와 달리 한 가지 측면만 보고 제품을 구매하는 경향이 낮아졌다. 정보의 홍수가 감성이 선택을 좌우하게 만든 것이다. 바야흐로 감성의 시대다.

▌Fiction

'Fiction'은 상상력과 공상력을 의미하는데, 최고의 철학자 칸트는 "인간의 정신적 능력 중에 가장 중요한 것이 상상력"이라고 말했다.

다가올 시대는 끊임없는 상상력의 시대로 구태의연한 사고와 제품으로는 고객들의 관심을 끌어낼 수 없다. 대표적 사례로 상식의 파괴와 융합으로 만들어진 스티브 잡스의 아이패드가 있다. 1980년대 시대의 큰 지성이었던 이어령 교수는 이렇게 주장한다.

"인간은 지난 120년간 불편한 자세로 앉아 키보드를 두드려왔다. 하지만 스티브 잡스가 개발한 아이패드 덕분에 이제 누워서도 컴퓨터를 자유롭게 쓸 수 있게 됐다. 컴퓨터에서 키보드를 없앤 스티브 잡스의 상상력이 한국정보기술(IT) 발전의 동아줄이다."

모든 기업에서 상상력의 부족은 조직의 발전과 역동성에 긍정성인 분위기를 떨어뜨리고, 이는 기업의 수명을 단축하는 핵심적 요소가 되고 있다. 상상력은 곧 생존력이고 이것이 세상을 바꾼다.

3F의 키워드에서 알 수 있듯, 남성은 여성과의 감성 소통에서 실패하면 가정적으로나 경제적으로 큰 어려움을 겪을 것이며, 자신과의 소통 또한 어려워질 것이다. 끊임없는 상상과 창조는 모방과 융합으로 더욱 풍부해지며, 다양한 조건과 상황, 그리고 사람들과의 소통이 있어야 제대로 된 퓨전이 이루어진다. 한 미래학자는 "이젠 새로운 지식은 없으며 오로지 퓨전을 통한 새로운 관점만이 있을 것이다."라고 간단하게 정리했다.

다양한 영역에 관심을 기울이고, 여러 분야 사람과 의견을 나누며 새로운 관점을 세우는 일, 이는 결국 소통리더십과 그 집중이 얼마만큼 중요한지를 방증하는 것이다.

■ 나를 돌아보는 소통리더십 ■

1. 자기 소통

소통리더십의 첫 번째 핵심적 요소는 자기 소통이라 할 수 있다. 스스로에 대해 정확히 알려면 섬세한 대화가 필요하며, 이러한 대화 방식과 방법이 바로 자기 소통이다. 자기 소통의 과정을 마치고 나면

뒤이어 치열한 자기성찰의 과정이 필요하다. 그래야 완전한 소통으로의 첫 단계가 시작될 수 있다. 자신을 먼저 다스리고 자제하며 이해하지 못한 채 남과의 소통은 가식과 위선이기 때문이다.

그럼 자기 소통은 무엇으로부터 시작해야 하는 걸까.

① **자기 비움**

인간이 가진 교만함 속에서 스스로 얼마나 추악하고 이기적이었는지를 깨닫고, 자신의 부끄러운 직접적 실체에 대해 냉정히 인식하는 것이다. 어쩌면 자기 비움의 과정은 자신과 정면으로 만나는 작업이라고 할 수 있다. 이러한 과정에서 자신이 미처 인식하지 못했던 과거의 상처로 인한 트라우마와 그로 인해 생긴 분노를 과감하고 솔직하게 인정하는 것이 필요하다. 이는 더 이상의 집착을 막고, 모든 소모적인 부분들을 내려놓기 위해 치열하게 자신과의 싸움을 하는 것이다.

② **자기 정리**

나를 알고 내려놓는 작업과 더불어 진실로 마음의 주름을 펴는 작업을 해야 한다. 타인과의 소통에 있어 건강한 애정과 온전한 관계로 나아가기 위해서는 먼저 자기 자신에게 원초적인 존재 자체에 대한 사랑을 이야기하고 확인하는 열정적인 자기 고백과 자기 정리가 필요하다. 인간의 삶에서 가장 중요한 단어는 사랑과 믿음이다. 자기 정리는 자신을 향한 진실한 사랑과 완전한 믿음에서 출발하는 것이다.

자기 소통은 사실 이 두 가지의 프로세스로 축약할 수 있지만 저자가 생각하는 최고로 쉽고 간단한 방법은 조용한 공간에서 자기 자신에게 질문을 통한 무언의 대화를 시작하는 것이다. 어디든 상관없다. 오로지 자신에게만 집중할 수 있는 공간과 절대적 시간만 있으면 된다.

우리는 그동안 알게 모르게 인간관계에서 묵시적으로 강요받아 왔다. 사회적 인맥이나 유무형의 영향력, 그리고 그러한 계산들 때문에 머리와 가슴이 따로 놀며 안정적이고 객관적인 조건과 상황을 유지하기 위해 자신에 대한 소통은 철저히 간과되었고 무시되었다. 하지만 소통리더십의 진정한 시작은 완전한 자기 소통이다. 자신과의 온전한 대화와 이해 없이 남과의 소통은 외식이고 기만이다.

2. 자기성찰

소통리더십의 구체적 시작을 위한 두 번째 과제는 자기성찰이다. 자기성찰은 자기 소통과는 다르게 끊임없는 의문과 깨달음을 요구한다. 그리고 치열한 실천을 의미한다.

자기성찰은 일종의 기도와 같다. 여기서 기도는 종교적인 기도만을 의미하는 것이 아니다. 기도의 원뜻은 자신보다 능력이 뛰어나다고 생각하는 어떤 절대적 존재에게 비는 것, 혹은 그런 의식을 말한다. 말하자면 자기성찰은 구체적인 삶의 변화를 위한 역동적인 과정이다. 완전한 자기 낮춤을 통해 끊임없이 배우고 실천하며 매 순간 깨달음을 지속적으로 채워가야 한다. 단순하고 끈질긴 자기성찰의 과정은 온전한 소통리더십을 위한 핵심 중의 핵심이다.

우리는 보통 어떤 스킬과 노하우들을 배우고 익히면 바로 실전에서 사용하려 애쓴다. 그런데 이것이 소통에 있어서는 절대 쉽지 않다. 소통의 관계에는 많은 변수와 조건들이 존재하기에 그 각각의 상황에 지혜롭고 합리적으로 대처하는 것이 쉽지 않기 때문이다. 따라서 먼저 열정을 다한 자기 소통과 자기성찰의 과정이 있어야 한다. 그래야만 완전한 소통리더십이 이루어질 수 있다.

요즘 비즈니스 코칭의 문화가 빠르게 퍼지고 있는데 소통리더십의 시대적 요구와 필요를 반증하는 좋은 예이다. 코칭이 무엇인가. 코칭은 결국 온전한 자신과의 소통을 통해 최고의 해답을 찾고자 하는 절차적 훈련 과정인 것이다. 자기 소통과 자기성찰은 우리네 모든 삶의 시작이자 근간이라 할 수 있다.

미국의 로키산맥 해발 3,000m 높이에는 수목 한계선이 있다. 이 지대의 나무들은 매서운 바람 때문에 곧게 자라지 못하고 무릎을 꿇은 듯한 모습으로 서 있다. 생존을 위한 처절한 몸부림인 것이다. 그런데 흥미롭게도 세계적으로 가장 공명이 잘 되는 명품 바이올린은 바로 이 '무릎을 꿇은 나무'로 만든다고 한다.

우리 인간도 고난과 시련을 이겨내면서 제대로 된 한 사람으로 만들어지는 게 아닌가 싶다. 역사적으로 아름다운 영혼을 갖고 인생의 절묘한 선율을 만들어낸 사람들은 결코 아무런 고난 없이 좋은 조건에서 살아온 사람이 아니다. 오히려 온갖 역경을 통해 거듭난 사람들이다. 소통리더십도 이와 같다. 무릎을 꿇는 나무처럼 거대한 자연 앞에서 전심을 다한 겸손과 생존의 처절함을 겸허히 받아들인 사람만이 진정한 소통 리더로서 거듭날 것으로 생각한다.

■ 주변을 끌어당기는 일관과 지속의 소통리더십 ■

소통리더십의 핵심적 우선 과제인 자기 소통과 자기성찰의 과정을 거치면 그다음은 당연히 실천의 과정이 기다린다. 어떤 소통과 리더십 이론도 실제와 동떨어진다면 그 존재 가치는 무의미하다. 오로지 자신과 관계된 모든 이에게 건강한 영향력과 구체적 성과를 위한 소통리더십만이 현실적으로 필요한 것이다.

소통리더십의 실천 덕목은 일관성과 지속성이다. 궁극적으로 타인에게 믿음이라는 큰 가치를 이루기 위해서는 끊임없는 일관성을 요구하는데, 이것이 때로는 가변적인 상황에 부딪히면 극히 유지하기 어려운 부분이다. 그래서 더더욱 자기 소통과 성찰을 통한 믿음과 신뢰의 지속성이 중요한 것이다.

수많은 비즈니스를 진행하다 보면 눈앞에 이익을 포기해야 하는 절박한 상황이 자주 발생한다. 특히 경쟁이 치열한 곳에서는 합법을 가장한 온갖 교묘한 방법들이 등장한다. 이럴 때 리더나 지도자가 일관된 소통리더십을 발휘하기란 쉽지 않다. 결과적으로 원칙 없는 유연함을 발휘하게 되면 도리어 신뢰를 잃게 되고, 장기적으로는 심각한 조직적 피해를 가져오는 경우를 우리는 자주 보게 된다.

나는 이 부분에서 가장 중요한 것은 소통의 셀프리더십이라 생각한다. 어떤 상황에서도 조직을 효과적으로 리드하기 위해서는 먼저 자신을 리드할 줄 알아야 한다. 소통의 셀프리더십은 자신과 올바른 소통을 통해 자신의 진짜 리더가 되는 것이다.

자신의 유일한 리더는 오로지 '나' 자신뿐이다. 우리는 모두 '나'라는 주체의 객관적 리더이다. 우리의 내재적 본성은 상반되는 두 세력 간의 끊임없는 전쟁터와 같다. 한쪽에서는 "포기해, 쉬운 길을 가야지. 정말 어려운 일이야. 시도도 하지 마."라고 말하고, 다른 쪽에서는 "인생을 의미 있게 만들어야지. 넌 할 수 있어."라고 말한다. 하고 싶지 않지만, 꼭 해야만 하는 과업 속에서, 구성원들과 올바른 소통을 통해 성공적으로 리드하고 도전에 직면하며 희생을 감수할 때 소통의 셀프리더십은 진정으로 빛을 발한다.

옛날에 한 청년이 임금님을 찾아가 인생의 성공 비결을 가르쳐 달라고 간청했다. 임금은 컵에다 말없이 포도주를 가득 따라 청년에게 건네주면서 별안간 큰소리로 군인을 하나 부르더니 "이 젊은 청년이 포도주잔을 들고 시내를 한 바퀴 도는 동안, 너는 칼을 빼어 들고 그를 따라가라. 만약 저 청년이 포도주를 엎지르면 그의 목을 내리쳐라!"라고 명령했다.

청년은 식은땀을 흘리며 술잔을 들고 시내를 한 바퀴 돌아왔다. 다행히 포도주는 그대로였다. 임금님은 청년이 시내를 도는 동안 무엇을 보고 들었는지 물었다. 청년은 아무것도 보지 못하고 듣지도 못했다고 대답했다. 그러자 임금은 큰소리로 다시 물었다.

"넌 거리에 있는 거지도 장사꾼들도 못 보고 술집에서 노래하는 것도 못 들었단 말이냐?" 청년은 다시 "네, 저는 아무것도 보지도 듣지도 못했습니다."라고 대답했다. 그랬더니 임금은 이렇게 말했다.

"그렇다. 이것이 네 인생의 교훈이다. 네가 거리를 한 바퀴 돌면서 그 잔만 바라보고 정신을 집중시킨 것처럼 너의 인생에 모든 것을 집중하고 살면 성공할 것이고 유혹과 악한 소리도 네게 들려오지 않을 것이다."

조건과 상황에 따라 원칙 없이 그리고 아무런 기준도 없이 지도

하는 즉흥적인 리더십은 결코 어떠한 신뢰도 형성하지 못한다. 소통리더십의 실천은 때로는 단기적 손해 앞에서도 장기적 명분과 그 이익을 위해 일관성과 지속성을 유지하여야 한다.

혁명은 그전의 것을 바꾸거나 엎는 단순히 의미가 아닌 지속함이고 이러한 지속성은 거대한 힘을 발휘한다. 소통리더십은 결론적으로 일관성과 지속성을 가지고 혁명의 자세로 임하는 참으로 위대한 작업인 것이다. 매 순간 집중하여 지속적으로 노력하면 개인이든 조직이든 그 혁명은 반드시 성공할 것이다.

일관과 지속은 우리 모두의 인생을 성공하게 하는 최고의 비결이기도 하다

■ 성공을 부르는 감사와 배려의 소통리더십 ■

일본 재계에서 경영의 3대 신으로 불리는 마쓰시타 고노스케(Matsushita Kounosuke)는 신입 사원 채용 중 최종 면접에서 항상 다음과 같은 질문을 던졌다고 한다.

'운으로 여기까지 온 것 같은가 아니면 최선의 노력을 다해 여기까지 온 것 같은가?'

마쓰시타 고노스케는 면접자가 운으로 왔다고 대답하면 이는 감사하는 마음이 있는 사람이기에 무조건 합격시켰고, 노력으로 왔다고 하면 자신의 힘만 믿고 주변의 감사가 없기에 무조건 탈락시켰다고 한다. 그는 모든 조건과 상황에 자신을 낮추고 항상 감사의 마음을 가진 사람이라면 반드시 회사에 큰 보탬이 된다고 생각한 것이다.

어느 날 필라델피아에 있는 작은 한 호텔에 노부부가 들어섰다. 그들은 "도시 행사로 호텔마다 만원이라 묵을 곳이 없다."며 도움을 요청하자 이 호텔의 야간 종업원은 "여기도 객실이 없지만 제 방이라도 괜찮다면, 조금 불편하시더라도 쓰십시오."라고 선선히 응대했다.

이 종업원의 친절을 눈여겨 본 노부부는 다음 날 아침 자신을 소개했다. 그들은 바로 1976년 당시 1,900개의 객실을 갖춘 뉴욕의 월도프 아스토리아 호텔의 경영인이었던 존 제이콥 애스터(John Jacob Asto)였다. 애스터는 친절을 베푼 이 종업원을 아스토리아 호텔의 총지배인으로 임명했다.

인생을 성공적으로 살아가는 사람에게는 세 가지 특징이 있다고 한다. 늘 밝은 미소로 감사의 말을 하는 것과 성실한 태도, 그리고 겸손한 자세다.

소통리더십의 태도와 자세도 이와 같다. 자신의 조건과 상황에 대해 언제나 감사하는 것이다. 감사의 조건은 결코 까다롭거나 특별하지 않다. 당연하다고 여겨지는 모든 것들에 대해 감사의 눈으로 바라보자.

소통리더십의 두 번째 자세는 배려다. 오래전부터 성인들은 배려가 미덕이자 마음을 움직이는 힘이라고 강조해 왔다. 성경에는 '크고자 하거든 남을 섬겨라.'라는 구절이 있는데, 이는 사람에 대한 배려를 강조하는 것이다. 공자는 "내가 원하지 않는 바를 남에게 행하지 마라."라고 말했으며, 고대 그리스 시인이자 작가인 메난드로스는 "마음을 자극하는 유일한 사랑의 영약은 진심에서 나오는 배려이며, 남자는 언제나 그것에 굴복한다."라고 하였다.

어느 나이 많은 성자(聖者)가 길을 가다가 두 사람과 동행하게 되었다. 헤어질 때가 성자가 동행한 두 사람에게 말했다. "덕분에 외롭지 않게 잘 왔소. 보답으로 두 분의 소원을 들어 드리리다. 다만 먼저 말하는 사람의 소원을 들어주되, 다음 사람에게는 그 소원을 두 배로 들어 드리겠소." 이 말을 들은 두 사람은 서로 아무 말도 하지 않았다. '내가 먼저 말하면 저 친구가 두 배나 되는 소원을 이루겠지. 그러니 절대 먼저 말할 수 없어.' 서로가 먼저 말하기를 기다리며 눈치만 보다가 시간이 꽤 흘렀다.

그중에 욕심이 더 많은 친구가 "야, 어서 말해! 먼저 말하지 않으면 죽일 거야."라며 윽박질렀다. 분위기는 금세 험악해졌고, 결국 힘에 부쳐 상대에게 먼저 얻어맞은 사람이 입을 열어, 이렇게 말했다. "나의 한쪽 눈을 뽑아 주세요." 그렇게 그 사람은 한 쪽 눈을, 욕심이 많은 친구는 두 눈을 다 뽑히고 말았다.

만일 두 친구가 서로 배려하고 협력했다면 어땠을까? 아마 소원을 이루는 데 더없이 좋은 기회가 됐을 것이다. 그러나 지나친 욕심이 두 사람을 다 망쳐버렸다.

남을 배려하는 마음이 곧 자신을 위하는 길이다. 배려는 남을 진심으로 도와주거나 보살펴 주려고 마음 쓰는 것을 말한다. 한마디로 나 아닌 누군가에 대한 섬김인 것이다. 누군가를 섬기고자 하는 마음이 들 때 진짜 배려가 시작된다.

　세상의 이치는 마치 시험 문제를 푸는 것과 같다고 한다. 언제나 출제자의 관점에서 문제를 바라보면 풀리지 않는 일이란 없다는 것이다. 상대방과 같은 마음에서 시작해 보려고 하는 것이 진짜 배려이며, 배려가 쌓이고 쌓이다 보면 결국 믿음과 신뢰라는 큰 보상으로 돌아오게 된다. 하지만 상대방이 원하는 모든 것을 해결해 주거나 들어주는 것이 배려는 아니다. 때로는 단호하게 거절할 줄 아는 것이 진짜 배려다. 과유불급이라는 말처럼 지나친 배려는 오히려 사람에게 득이 되는 것이 아니라 독이 될 수 있다.
　균형과 중용으로 선한 목적에 집중하는 배려가 소통리더십의 실천에 있어 최고의 목표가 되어야 한다.

'질문이 없다면 통찰도 없다.'
_피터 드러커

에필로그

'질문하는 리더'가 되길 바라며

리더는 모든 답을 알 수가 없다. 오히려 훌륭한 리더는, 위기의 순간에 사람들의 **생각을 열고**, 갈림길에서 방향을 **함께 찾으며**, 성과보다 성장을 먼저 묻는 사람이다.

질문은 단지 스킬이 아니라 **사람을 믿는 태도**이고, **미래를 여는 용기**이다. 이제 질문은 더 이상 선택이 아니라, AI 시대를 살아갈 리더의 생존 전략이자, 존재 방식인 것이다.

리더의 질문 하나가, 한 사람의 커리어를 바꾸고, 한 팀의 문화를 바꾸며, 한 조직의 미래를 바꿀 수 있다. 질문이 흐르는 조직을 만들기 위해, 지금 당신의 질문이 필요하다.

📌 '묻는 리더'를 위한 질문 명언 5

▎질문은 조직을 살아 있게 하는 산소와 같다. _마거릿 휘틀리
▎배움은 질문하려는 의지가 있을 때만 일어난다. _피터 센게
▎중요한 것은 결코 질문을 멈추지 않는 것이다. _앨버트 아인슈타인
▎질문이 정답보다 중요하다. _소크라테스
▎자신감 있는 리더는 질문하고, 항상 다른 사람으로부터 배우려 한다.

_사이먼 사이넥

🔍 '성찰하는 팀 리더'의 질문 7

▎지금 내가 팀원에게 묻는 질문은, **비난인가, 성장의 기회인가**?
▎나는 얼마나 자주 **"어떻게 도와줄까?"** 라고 묻고 있는가?
▎팀 안에 **심리적 안전감**은 충분한가?
▎내 질문은 **정답을 요구하는가**, 아니면 생각을 여는가?
▎리더로서 가장 자주 던지는 질문이 무엇인가?

▎지금 우리 팀은 스스로 묻고 대화하는 문화를 가지고 있는가?
▎오늘 내가 내 자신에게 던진 질문은 무엇이었는가?

　이 책의 마지막 장을 덮는 지금, 당신이 '질문하는 리더'로 한 걸음을 내딛길 바란다.

질문이 멈춘 조직은 생각이 멈춘 조직이다.